UN UNIVERSO DE IMÁGENES: EL *SKYLITZES MATRITENSIS*

© De los textos: el autor
© De esta edición: Biblioteca Nacional de España
© De las imágenes: Biblioteca Nacional de España

diseño de la colección: Estudio Joaquín Gallego

maquetación: Museoteca

impresión: Producción Gráfica Integral Global, S.L.

NIPO: 191-24-011-8
DL: M-8527-2024
ISBN: 978-84-92462-95-7

Imagen de cubierta: La madre del futuro Basilio I consulta con una mujer un sueño que esta interpreta como un presagio de que su hijo será emperador. Miniaturista bizantino (A1). *Skylitzes Matritensis*. BNE, VITR/26/2 (fol. 84r) (fragmento).

Catálogo de publicaciones de la Administración General del Estado
https:/cpage.mpr.gob.es

UN UNIVERSO DE IMÁGENES: EL *SKYLITZES MATRITENSIS*

TEXTO

MANUEL ANTONIO CASTIÑEIRAS GONZÁLEZ

BNE

LA MÁS HERMOSA CRÓNICA BIZANTINA ILUSTRADA: LA *SYNOPSIS HISTORIARUM* DE JUAN ESCILITZES (BNE, VITR/26/2)

El *Skylitzes Matritensis* (BNE, VITR/26/2) es, sin lugar a duda, uno de los códices más preciosos de la Biblioteca Nacional de España. El manuscrito, realizado en Sicilia a mediados del siglo XII, contiene la *Synopsis Historiarum*, un compendio de crónicas en griego compuesto en la década de 1080 por Juan Escilitzes (Ἰωάννης Σκυλίτζης), un jurista que, durante el gobierno del emperador bizantino Alejo I Comneno (1081-1118), desempeñó varios cargos de alto rango en la corte imperial de Constantinopla, en la que llegó a ser *curopalates*, jefe de la guardia palatina.

La narración original abarca el reinado de veintidós emperadores bizantinos desde el año 811 al 1057, es decir, de Miguel I a Miguel VI, si bien en la copia de Madrid faltan los cuadernos relativos a los dos últimos emperadores: Teodora y Miguel VI. Aunque Juan Escilitzes compuso un poco más tarde la llamada *Continuación de Escilitzes*, que se extiende hasta el año 1079 al incluir los reinados de Isaac Comneno, Constantino X Ducas, Romano IV Diógenes, Miguel VII Ducas y el inicio de Nicéforo III Botaniates, la versión del códice de Madrid responde a la primera redacción de la *Synopsis*. Se trata de un relato vívido, lleno de anécdotas elocuentes, sobre la historia política y militar del Imperio bizantino, en

Asesinato de Romano III Argiro en los baños del Palacio imperial. Miniaturista siciliano (B1) (fol. 206v).

el que pululan un sinfín de personajes que se enfrentan a revueltas, intrigas, asesinatos, guerras y conflictos religiosos. El carácter atractivo de las historias y la preciosa información que daba sobre los entresijos de la corte y el poder imperial explican que la *Synopsis* se conserve en unos veinte manuscritos y que se convirtiera en la obra de referencia para el período, siendo la fuente principal de historiadores posteriores de la época comnena como Jorge Cedreno y Constantino Manases (s. XII).

La excepcionalidad de la copia conservada en la Biblioteca Nacional de España ha dado a esta una merecida fama internacional, ya que el códice es, en muchos aspectos, un remarcable tesoro bibliográfico. El *Skylitzes Matritensis* es un lujoso manuscrito iluminado de incalculable valor, compuesto por 234 folios de pergamino, de

35,5 × 27 cm, e ilustrado por 574 miniaturas que se acompañan de breves rúbricas en rojo y se insertan, sin marco, en los espacios en blanco dejados *ad hoc* en la caja de propio texto. No obstante, tanto Sebastián Cirac Estopañán como Ihor Ševčenko calcularon que el número original de miniaturas previstas, si sumamos las que faltarían en los dos cuadernos y algunos folios perdidos con las 34 proyectadas para los espacios en blanco de los dos cuaterniones (n.° 11 y 25) del segundo escriba (C2), estaría entre las 656 y las 676 miniaturas.

Por ello, en primer lugar, cabe destacar su condición de crónica profusamente iluminada, en la que el texto y la imagen de una narración histórica se despliegan de forma fluida sobre los folios de pergamino para conformar una verdadera «narración visual», cuyo objetivo no es otro que el de ofrecer al lector una experiencia vívida y trepidante de hechos que sucedieron en el pasado.

En segundo lugar, por su extenso y lujoso aparato decorativo —con miniaturas en las que abundan el pan de oro y el lapislázuli—, el *Skylitzes* constituye el más valioso códice griego conservado en nuestro país, en el cual existe un legado de manuscritos griegos nada desdeñable y a menudo desconocido, repartido principalmente entre la Biblioteca Nacional de España y la Real Biblioteca del Monasterio de San Lorenzo de El Escorial. Como veremos más adelante, la copia e ilustración del manuscrito de tal magnitud fue una compleja y ambiciosa empresa, que requirió la participación de dos escribas —C1 y C2— asentados en la isla de Sicilia y de siete miniaturistas de formación artística muy diferente. De hecho, los dos primeros iluminadores, que ocupan la mayoría de las primeras cien páginas y que nombraremos A1 y A2, son de manera clara bizantinos y probablemente procedentes de Constantinopla, pues conocen el arte de la miniatura comnena que se hacía entonces en la capital. Por el contrario, los cinco restantes —que denominaremos B1, B2, B3, B4 y B5—, pertenecen al contexto siciliano local, con una fuerte presencia de elementos musulmanes

La deserción del general León el Armenio, futuro emperador, en el año 813 (arriba), y batalla entre bizantinos y búlgaros (abajo). Miniaturista bizantino (A1) (fol. 12r).

y latinos, que nos ponen en contacto con el ambiente multicultural del Reino normando de Sicilia.

En tercer lugar, para el mundo de la bizantinística, el *Skylitzes Matritensis* no solo es el ejemplo más antiguo de una crónica bizantina ilustrada en griego, sino el que contiene el ciclo de imágenes más extenso. Si bien es verdad que un similar interés por la narración visual se encuentra igualmente en códices ilustrados más tardíos, estos son, en realidad, traducciones de crónicas bizantinas al eslavo, como es el caso de la *Breve crónica* de Jorge el Monje o Hamartolos (s. IX), realizada en Tver (Rusia) a inicios del siglo XIV (Moscú, Biblioteca Estatal Rusa, fol. 173. I, n.º 100), o de la *Crónica* de Constantino Manases (s. XII), llevada a cabo en Turnovo (Bulgaria) (1335-1340), en tiempos del zar Iván Alejandro (1331-1371) (Ciudad del Vaticano, Biblioteca Apostolica Vaticana, BAV, Vat. Slav. 2). No obstante, en ninguno de los dos casos la extensión del ciclo figurativo supera al del *Skylitzes Matritensis*. Además, su modelo de narración es el de una historia universal, y no el de una estricta crónica de emperadores como en la de Juan Escilitzes, de manera que el relato en ambas se inicia en el Génesis e incorpora tanto la historia bíblica (reyes y patriarcas) como la historia antigua (Egipto, Asiria, Babilonia, Persia, Grecia, Roma).

UNA VENTANA ABIERTA A BIZANCIO Y SUS VECINOS: REALIDAD PROFANA, MULTICULTURALIDAD, GÉNERO Y CONFLICTOS RELIGIOSOS

Para la historia del arte, y para la bizantinística en general, el aspecto más extraordinario del códice es que es una verdadera ventana abierta a Bizancio en la que se muestra la materialidad perdida de un mundo apasionante. A menudo, cuando pensamos en el arte bizantino lo relacionamos con las magníficas iglesias y monasterios que han llegado hasta nosotros, como San Vital en Rávena; Santa Sofía, Pammacaristos (Fethiye Camii) y Cora (Kariye Camii) en Estambul; Hosios Lucas, Dafne y Protaton (Monte Atos) en Grecia, o San Pantaleón de Nerezi y San Jorge de Kurbinovo en Macedonia del Norte. Estos edificios, con sus brillantes mosaicos parietales y sus espléndidas pinturas murales, nos devuelven, junto a los iconos que se han conservado en distintos museos y colecciones particulares, el imaginario más tópico de Bizancio. Un imaginario de índole religiosa, profundamente ligado a la memoria de la Iglesia ortodoxa, que se transforma cuando accedemos a la ilustración del *Skylitzes Matritensis*.

Si algo caracteriza el universo de imágenes de este códice es que nos sumerge mayormente en el aspecto más desconocido del Imperio bizantino entre los siglos IX y XII, el del mundo profano y la vida cotidiana más allá de los altares y los rezos en los templos.

Vista panorámica de la ciudad de
Constantinopla con el retrato del
sultán Murad III (1574-1595) en primer plano. Georgius Braun (1541-
1622) y Franciscus Hogenbergius
(1538-*ca.* 1590), *Byzantium nunc
Constantinopla, Civitates Orbis Terrarum, Liber primus,* Colonia, 1582.
BNE, GMG/433 (pl. 52).

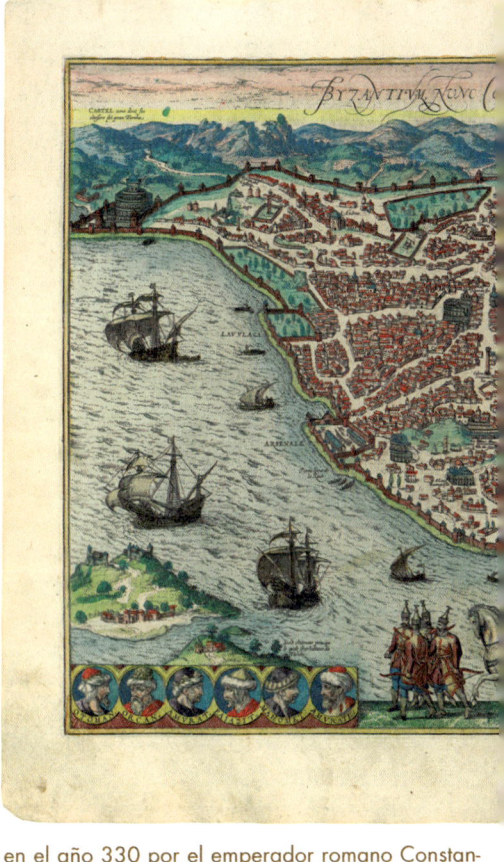

Byzantion fue refundada en el año 330 por el emperador romano Constantino I el Grande bajo el nombre de Constantinopla para convertirla en capital
del Imperio romano de Oriente, dignidad que ostentó hasta su toma por los
otomanos en 1453. La urbe conservó este nombre hasta 1930, cuando pasó a
denominarse Estambul. La imagen muestra la ciudad, en el primer período oto-
mano, con sus imponentes murallas dominadas, en el extremo izquierdo, por
la fortaleza otomana de Yedikule (antigua Porta Aurea) y abajo, en el centro,
por el Palacio de Topkapi, entre el Cuerno de Oro y el mar de Mármara. A la

izquierda del Serrallo se yergue la majestuosa Santa Sofía, lugar de coronación de los emperadores bizantinos y sede del patriarca de Constantinopla,
convertida en mezquita, así como los restos del Hipódromo —con el obelisco
de Teodosio I— y del antiguo Palacio imperial. Destacan además las siluetas
de las columnas de Justiniano, Constantino y Teodosio I y, en la parte superior,
la nueva sede del patriarcado durante ese período (1456-1587): la iglesia bizantina de Theotokos Pammakaristos, que Murad III convertiría en 1590 en la
Mezquita de la Conquista (Fethiye Camii).

Por ello, a través de sus páginas el lector puede acceder al impresionante paisaje arquitectónico de Constantinopla, la capital del Imperio romano de Oriente, y contemplar algunos de sus escenarios perdidos, como el Gran Hipódromo y el Palacio imperial; asistir a las solemnes ceremonias de la proclamación y la coronación imperial, así como a la recepción de embajadores, o explorar la riqueza, el boato y el lujo de la indumentaria de la corte imperial y de la vida cotidiana palaciega.

Asimismo, a través de sus folios miniados se pueden comprender los conflictos bélicos que acontecieron durante ese período en las fronteras del Imperio, una vez que su territorio, concentrado en el Mediterráneo oriental, el Egeo y el mar Negro, estaba sometido, al noroeste, a la presión de emergentes poderes eslavos y, al este y al sur, por la incontenible expansión del Califato abasí de Bagdad y la posterior irrupción de los selyúcidas. Las numerosas escenas bélicas y expediciones militares llevadas a cabo por los diferentes emperadores y sus generales en los Balcanes, Sicilia, Creta, Crimea, Anatolia, Siria y Armenia nos ofrecen un minucioso compendio iconográfico de las tácticas, técnicas y equipamiento militar del ejército bizantino digno de un tratado de poliorcética.

Es precisamente ese carácter enciclopédico, evocador y envolvente del manuscrito lo que permite, en ocasiones, que sus imágenes se conviertan en una *mise en abyme,* es decir, en un cuadro dentro de un cuadro, en el que a la narrativa de la crónica se suma la descripción de un personaje, de un edificio o de una acción, cuya función no es otra que la de introducir nuevos elementos en la historia. Así, a través de diferentes secuencias narrativas descubrimos también la diversidad geográfica, étnica, cultural y religiosa que comportaba la gran extensión del Imperio bizantino medio (843-1204), que abarcaba desde las llanuras de Mesopotamia a las costas del sur de Italia, con sus vecinos eslavos (búlgaros, serbios y rusos) y musulmanes (árabes, persas

y selyúcidas) en expansión, con los que más allá de los enfrenta-
mientos bélicos se establecieron intensas relaciones culturales y
de admiración mutua.

En el caso de los pueblos de Europa oriental se produjo en
el siglo IX una conversión masiva al cristianismo, con la conse-
cuente incorporación de esos territorios a la esfera de influencia
de la cultura bizantina y a sus modelos de prestigio en educación, pues estas nuevas iglesias se pondrán, en primera instancia,
bajo la jurisdicción del Patriarcado Ecuménico de Constantinopla.
En la Gran Moravia, que entonces comprendía las actuales Che-
quia, Eslovaquia y Hungría, así como partes de Austria, Croacia,
Serbia, Rumanía y Bohemia, la acción evangelizadora fue emprendida por dos célebres santos hermanos misioneros, Cirilo
(827-869) y Metodio (815-885), conocidos como los «apóstoles
de los eslavos», que crearon el alfabeto glagolítico para escribir
las traducciones de textos bíblicos, exegéticos y litúrgicos en antiguo eslavo eclesiástico.

Por su parte, en el año 988 se selló un pacto militar entre
Bizancio y la Rus de Kiev que conllevó el bautismo del príncipe pa-
gano Vladimir I y su matrimonio con Ana, la hermana de Basilio II
(976-1025). Su resultado fue la cristianización de esos territorios
eslavos y el establecimiento de la guardia varega en el Imperio
bizantino. Se trata de un cuerpo militar de élite, constituido por
los varegos —de origen vikingo—, que Vladimir envió a Constantinopla para que se convirtiesen en la guardia personal del
emperador. Otras fuentes narran la conversión al cristianismo
del príncipe de manera más literaria, al relatar que este, habiendo
perdido la fe en sus dioses, mandó emisarios a las distintas naciones para saber acerca de sus creencias. Tras indagar sobre el
cristianismo, el islam y el judaísmo, Vladimir escogió el rito or-
todoxo después de que en el año 987 sus legados se quedaran
maravillados ante el boato de las celebraciones litúrgicas en Santa
Sofía de Constantinopla.

En el siglo IX bizantinos y árabes protagonizaron también un renacimiento científico y cultural centrado en las ciudades de Constantinopla y Bagdad durante el Califato abasí, con una eclosión de maestros y manuscritos científicos que se copian y traducen del griego al árabe y viceversa. Entre los intelectuales bizantinos de este período destacó, por ejemplo, León el Filósofo o el Matemático (*ca.* 790-869), cuya figura no pasa desapercibida en la crónica de Juan Escilitzes, si bien muchas de las historias que cuenta dicho autor responden más a la leyenda creada en torno a este maestro que a la realidad. León estudió gramática, poesía, retórica, filosofía y matemáticas, y sus ansias de saber lo llevaron a buscar libros en monasterios. Prueba de ello es que leyó, entre otros, los *Elementos* de Euclides y conocía, además, los manuales de los ingenieros helenísticos Filón y Herón de Alejandría, pues posiblemente estuvo involucrado durante el gobierno del emperador Teófilo (829-842) en la construcción de los autómatas que se instalaron en la sala de recepción de Magnaura, en el Palacio imperial, para impresionar a visitantes y embajadores. La aplicación de conocimientos científicos a temas prácticos que le dio más notoriedad es la invención de un sistema de señales luminosas en cadena que ponía en conexión, de manera muy rápida, un lugar alejado con la capital, y en el que la hora en la que se encendían los fuegos indicaba un mensaje concreto. En un relato que corresponde más a la ficción que a la realidad, Juan Escilitzes narra cómo la fama del maestro hizo que el propio califa abasí, al-Ma'mún (813-833), lo tentase a que viniese a enseñar a su corte. Teófilo no se lo permitió y le ofreció a cambio enseñar en la escuela de la iglesia de los Cuarenta Mártires, en Constantinopla. Años más tarde, según cuenta la crónica, el césar Bardas (855-866), preocupado por la restauración de las ciencias que el emperador Miguel III había abandonado, decidió crear una escuela con diferentes cátedras en el propio palacio, en Magnaura, dándole la de filosofía al propio León el Filósofo.

La exaltación de la figura de León el Filósofo adquiere en la crónica tintes novelescos y casi legendarios, con el objetivo de primar el saber de los bizantinos frente al de los árabes, de manera que, para muchos autores, más allá de la veracidad de la historia, el episodio pondría de manifiesto la vitalidad del renacimiento o humanismo macedonio, obsesionado con recopilar los textos del pasado helénico y de la tradición cristiana. El episodio que narra el reconocimiento y la fama internacional de la sabiduría de León el Filósofo se inicia con el relato de cómo en tiempos de Teófilo un discípulo de León, especialista en geometría, que había sido contratado como secretario por un general bizantino, fue capturado por los árabes en tiempos del califa abasí al-Ma'mún. Este muchacho griego llegó a demostrar conocimientos admirables en geometría ante el califa y otros maestros árabes (fol. 74v), de manera que cuando estos se enteraron a través de él de la existencia de su maestro, el califa decidió liberar al cautivo y darle una carta dirigida a León en la que lo invitaba a enseñar su sabiduría en Bagdad, a cambio de generosos dones y riquezas. Según la narración, nada más regresar a Constantinopla, el joven discípulo entregó sin dilación la carta al maestro, pero este último, temeroso de ser acusado de traición, la puso en conocimiento del logoteta del dromo, Teoctisto. De este modo, la fama de la sabiduría del maestro trascendió a los oídos del emperador Teófilo, quien finalmente resolvió, como ya hemos mencionado más arriba, recompensarlo, dándole residencia y lugar para enseñar en la mencionada iglesia de los Cuarenta Mártires.

La manera en la que el miniaturista del *Skylitzes Matritensis* ilustra ese pasaje nos introduce el problema de la relación texto/imagen en el manuscrito. La ilustración se coloca justo debajo del texto, pero, aunque las rúbricas que acompañan la escena hacen mención de que es el discípulo recién liberado el que entrega la carta al maestro, el iluminador representa a cinco

Los enviados de al-Ma'mún entregan una carta a León el Filósofo. Miniaturista bizantino (A1) (fol. 75r).

hombres árabes, con blancos turbantes, como los encargados de dar la misiva a un anciano —León— que la lee con atención en el interior de un edificio. Esta variación, como veremos, lejos de ser una equivocación del ilustrador, entra dentro de las estrategias visuales del aparato decorativo, que en muchas ocasiones quiere hacer explícito al lector un mensaje más allá de su estricto contenido verbal y que, de un modo rápido e intuitivo, facilita la contemplación de la secuencia de imágenes. En este caso, se quiere visualizar el interés y la inquietud del enemigo por apoderarse del saber de Bizancio, encarnado en la figura del humilde y anciano monje.

Si seguimos la narración, el califa, desesperado por no obtener repuesta, envía al sabio algunas cuestiones de geometría y

El califa al-Ma'mún envía una carta al emperador Teófilo. Miniaturista bizantino (A1) (fol. 75v).

astronomía, a las que este da solución incluyendo alguna predicción de futuro. La respuesta impresiona tanto al califa que se decide a enviar una embajada con una carta al propio emperador Teófilo, con la petición de que permita que León vaya a enseñarle su ciencia. Como recompensa, al-Ma'mún ofrece al emperador cien centenarios de oro, paz y tregua, pero este los rechaza con el arrogante argumento de que los bizantinos no pueden entregar a los paganos el conocimiento de la naturaleza de las cosas que distingue a la «raza romana». Las palabras en griego utilizadas en la crónica no dejan duda alguna sobre el engreimiento y el desprecio con el que Teófilo se dirige a su oponente, al referirse a su pueblo como τὸ Ῥωμαῖον γένος —en el sentido de grupo o clan unido descendiente de los romanos— frente al árabe, τὰ ἔθνη —pueblo o nación extranjera—, al que no puede ofrecer, empleando un término propio de la filosofía griega, τῶν ὄντων γνῶσιν —el conocimiento de las cosas—, para hacer explícita, así, esa distancia cultural con la que los bizantinos se querían diferenciar de los bárbaros.

Las imágenes sirven, pues, para ampliar o matizar el contenido del discurso. En el caso de esta historia, el episodio termina con la representación especular de ambos soberanos, en tiendas, retratados en el momento de enviar (califa) y recibir (emperador) la carta a través de los embajadores árabes. La secuencia está colocada entre el texto que narra el contenido de la epístola y la frase de rechazo y superioridad exclamada por Teófilo. La miniatura se acompaña de *tituli* que identifican a sus protagonistas —Θεόφιλος ὁ βασιλεύς / Ὁ Μαμούμ— y presenta la particularidad de que ha de leerse de derecha a izquierda, en sentido contrario al de la escritura. Se trata de algo habitual en las ilustraciones de los miniaturistas bizantinos del *Skylitzes*, que aúnan de esta manera dos momentos de la acción en una misma secuencia. La explicación de este recurso visual es muy simple: es una manera de prolongar en bustrofedón la lectura del pasaje y de centrar nuestra atención en el lado izquierdo, donde se localiza Teófilo. Aunque ambos parecen iguales, por su posición sobre un trono y por el hecho de estar nimbados para subrayar la sacralidad del soberano, el emperador bizantino se distingue de su oponente por estar situado sobre un fondo de oro, vestir la indumentaria característica imperial de la corona y el *loros* (banda dorada), y ceñir una espada que ejemplifica su preparación para la guerra. La cortina que cuelga de la tienda de Teófilo subraya, además, el carácter sacral del monarca, como es habitual en las escenas áulicas del arte bizantino. Frente a él, los embajadores árabes, con sus turbantes y sus brazaletes decorados con letras seudocúficas, representan la imagen extraña e inquietante del Otro, cuyo soberano se sumerge en el sombrío —y nada dorado— ambiente de su tienda.

El carácter enciclopédico y evocador de los folios iluminados del *Skylitzes Matritensis* nos permite, pues, adentrarnos en el ambiente multicultural del Imperio y sus fronteras, si bien la constante insistencia y acento puesto en los musulmanes denota posiblemente una doble motivación. Por un lado, hay que recordar que la *Synopsis* de Juan Escilitzes se había escrito en un momento complicado para Bizancio tras la derrota de Manzikert (1071), que marcó la entrada masiva de los selyúcidas en la península de Anatolia y el inicio de un lento final para el imperio. De ahí que en los episodios relacionados con los musulmanes se busque a menudo remarcar la superioridad bizantina sobre el enemigo en un ejercicio de autoafirmación textual y visual. Por otro lado, no hay que olvidar que la ilustración de la crónica se produjo, como veremos, en pleno siglo XII, en el ambiente multicultural de la Sicilia normanda, y que miniaturistas bizantinos, occidentales y de formación musulmana trabajaron codo a codo durante el proyecto. De ahí que muchas escenas dejen traslucir en detalles iconográficos e indumentaria un conocimiento directo de la realidad musulmana.

Las embajadas eran episodios muy adecuados para describir ese encuentro entre dos mundos, si bien a la hora de presentar las escenas encontramos diferencias considerables entre los miniaturistas de formación bizantina y los de formación siciliana, en los que se trasluce cierta ideología. Así, por ejemplo, en la parte superior del fol. 47r el principal miniaturista bizantino (A1) se encargó de representar el episodio en el que el emperador Teófilo envió a su antiguo maestro Juan el Sincelo como embajador ante la corte de al-Ma'mún en Bagdad.

Juan el Sincelo, también conocido como el Gramático, había sido el preceptor de Teófilo, un emperador que se distinguía por haber tenido una buena educación. En el momento de la embajada al califa, en el año 829/830, Juan ejercía el cargo de *synkellos* —asistente del patriarca—, y tan solo unos años después él mismo

Teófilo envía a Juan Sincelo en embajada a la corte de al-Ma'mún, en Bagdad. Miniaturista bizantino (A1) (fol. 47r).

se convertirá en el último patriarca iconoclasta de Constantinopla (837-843). La embajada no tenía otro objetivo que el de demostrar la riqueza del Imperio bizantino e impresionar con regalos a los sarracenos. Por ello, una vez más el miniaturista, que utiliza el sistema de narración de derecha a izquierda, no duda en hacer una cuidada diferenciación entre árabes y bizantinos, que en este caso incide en la distinción jerárquica de los protagonistas a través de una serie de recursos del lenguaje artístico. Así, a la izquierda, al-Ma'mún se presenta de perfil y sentado sobre una endeble silla de tijera, con un turbante y una túnica a rayas blancas, rojas y azules que lo caracterizan en su otredad, mientras que Teófilo, situado a la derecha, aparece nimbado, vestido con la indumentaria imperial del *scaramangion* (toga púrpura) y el *loros*, y sedente sobre un trono. Su figuración frontal, mirando hacia nosotros, señala su autoridad, como es prescriptivo en la retratística imperial en las escenas de aclamación, proclamación y coronación del emperador. En dos escenas subsiguientes a la vuelta del folio (fol. 47v), Juan Sincelo, nimbado y con indumentaria eclesiástica, entrega los regalos y, acto seguido, en respuesta a la munificencia del embajador imperial, el califa al-Ma'mún manda liberar a cien presos bizantinos que, una vez vestidos con elegante indumentaria, son entregados a Juan Sincelo.

Una escena similar de embajada y munificencia, esta vez realizada por el principal miniaturista del equipo siciliano (B1), nos introduce en una visión más amable y cercana al mundo musulmán. Se trata de la escena en la que el emir de Trípoli (Líbano), Pinzarach (Ὁ Πινζαράχ), aliado de los bizantinos, al que acompaña una comitiva de tres árabes, se representa rindiendo homenaje

Embajada de Pinzarach ante el emperador Romano III Argiro. Miniaturista siciliano (B1) (fol. 203r).

al emperador Romano III Argiro (1028-1034) en Constantinopla
(Ὁ βασιλεὺς Ῥωμανὸς ὁ Ἀργυρός).

Para la composición de esta recepción diplomática, el miniaturista nos presenta una escena híbrida, en la que las convenciones del arte bizantino son tamizadas por fórmulas y motivos iconográficos derivados de la tradición occidental románica y musulmana, propios de la realidad multicultural de la isla. Así, en primera instancia, como es habitual en la iconografía bizantina, el emperador se representa dentro de un marco arquitectónico y recibe la visita de representantes de otras naciones, que se postran ante él en *proskynesis*. Se trata de un gesto ritual de respeto sacral, derivado de los persas, que consiste en hacer una genuflexión ante el rey. Fue adoptado por Alejandro Magno en Asia y más tarde por los romanos, y acabó por convertirse en el gesto por antonomasia del ritual de corte bizantino en recepciones y saludos. No obstante, a la hora de figurar a Romano III Argiro, el miniaturista lo aleja de los modelos habituales de la retratística imperial bizantina, pues, aunque está coronado y sostiene el lábaro, carece de nimbo, no lleva el *scaramagion* púrpura y tampoco aparece representado de manera frontal, como sucede en muchas miniaturas correspondientes al pintor bizantino A1. Por una parte, el hecho de que en el retrato del monarca prime la visión en tres cuartos y su indumentaria sea claramente occidental —una túnica azul y una clámide color salmón— indica un conocimiento de la tradición románica de las efigies regias en cartularios, manuscritos jurídicos y escenas de presentación. Por otra, la inserción de la figura en una peculiar arquitectura palaciega que se prolonga hacia la izquierda en un pórtico sobre columnas salomónicas y una especie de galería de arcos de medio punto rematados por almenas es un indicio de la familiaridad del artista con el arte monumental siciliano del período normando, pues algunos motivos, como la columna entorchada o las almenas, se encuentran en el claustro de Monreale o en la catedral de Palermo. En cuanto al emir Pinzarach y sus acompañantes, estos parecen evocar, por su carácter claramente exótico, la comitiva de los Reyes Magos ante Herodes. Cabe destacar, a este respecto, la detallada caracterización étnica de los musulmanes, que, con sus largas barbas, manto, túnica corta, calzas y turbante blanco, recuerdan al universo de imágenes que puebla el techo estrellado de la Capilla Palatina de Palermo (1143-1147), una obra realizada por artesanos musulmanes, en la que participó una serie de pintores conocedores de la tradición islámica pero muy permeables a modelos románicos y bizantinos.

Muchas escenas de la vida cotidiana representadas en la crónica nos permiten, además, conocer los entresijos de la sociedad bizantina e, incluso, adentrarnos en la compleja realidad de género de entonces. Aunque el protagonismo de la narración de Juan Escilitzes lo detentan los éxitos y fracasos de los emperadores, las imágenes ponen de manifiesto que la mujer ocupó también un lugar relevante y ejerció diversos roles tanto en la corte como en el medio rural. En la corte, lo femenino fue asociado al poder imperial a través de tres importantes factores: la importancia del culto a la Virgen María, considerada la protectora de la ciudad de Constantinopla e imagen maternal por excelencia; la idea de que la herencia y la continuidad dinástica se transmitía a través de las mujeres, y la existencia de un espacio propio en el palacio —el gineceo—, a menudo compartido con los eunucos, un tercer género en el que, en ocasiones, encontraron eficaces sirvientes y aliados para ejercer el poder. Estos últimos llegaron a ocupar puestos de alto rango en la corte, donde ejercían funciones de tipo administrativo, doméstico e incluso militar. Eran muy próximos al emperador, sobre el que tenían a menudo gran influencia, y adquirieron especial protagonismo en los períodos de regencia. Las crónicas los presentan como personajes intrigantes, involucrados en conspiraciones y acusaciones.

Las princesas imperiales Tecla, Anastasia, Ana, Pulqueria y María, hijas de la emperatriz iconodula Teodora, veneran un icono en la casa de su abuela, Teoctista. Miniaturista bizantino (A1) (fol. 44v).

Marino y Teoctista, padres de Teodora, fueron piadosamente educados en la veneración de iconos. Teoctista invitó a sus cinco nietas a su casa para alejarlas de la herejía de su padre y animarlas a venerar las imágenes sagradas. En la miniatura, les muestra un icono de Cristo que guardaba en un armario para enseñarles los ritos del beso (*aspasmos*) y la genuflexión. Destaca el oro utilizado para representar la indumentaria imperial de las princesas, tanto en sus diademas como en sus ropajes con el *thorakion* (adorno en forma de escudo que ornamentaba la vestimenta femenina).

Las mujeres ejercieron un importante protagonismo durante el conflicto religioso más importante del período: la querella iconoclasta (726-843), en la que el culto a las imágenes (εἰκόνες) fue puesto en entredicho y muchos iconos fueron destruidos. Las emperatrices Irene (769-802) y Teodora (842-856) fueron activas iconodulas y, como regentes tras la muerte de sus maridos iconoclastas (León IV y Teófilo I), propiciaron el restablecimiento del culto a los iconos. La primera impulsó la celebración del II Concilio de Nicea (787), que declaró herética la doctrina iconoclasta y estableció que los iconos podían ser solo objeto de veneración y no de adoración. La segunda instauró definitivamente el culto a los iconos a través de la Fiesta del Triunfo de la Ortodoxia (843) que todavía hoy se celebra en la Iglesia ortodoxa el primer domingo de Cuaresma.

Además, algunas aristócratas adquirieron privadamente un cierto grado de educación, sobre todo en el período comneno, donde mujeres de rango imperial mantenían «salones» literarios, como Irene Ducas (1066-1133), esposa de Alejo I Comneno, o ellas mismas escribían, como Ana Comnena (1083-1153), que compuso la historia del reinado de su padre en la *Alexiada*, en la que hace gala de sus conocimientos retóricos y su cultura literaria. Por otra parte, en el Imperio bizantino las mujeres tenían derecho a la propiedad, ya que no se les podía quitar la dote, como hijas podían heredar parte del patrimonio familiar y a la muerte del marido se convertían en tutoras legales de sus hijos. Este parece haber sido el caso de Danielis, una rica viuda propietaria de una floreciente industria textil en el Peloponeso, que gracias a su fortuna supo influir en el devenir político del Imperio bizantino al apostar por la carrera del futuro emperador, Basilio I (867-886).

Poco sabemos de la suerte de las mujeres humildes, pues estas no son protagonistas de las numerosas coronaciones, matrimonios regios e intrigas palatinas que pueblan los folios del *Skylitzes Matritensis*. Solo en episodios como la adivinación o la oniromancia (interpretación de los sueños), que a menudo sirven como recursos

En la escena superior del folio el eunuco y bufón Dénderis entra en los aposentos de la emperatriz Teodora —a los que por su condición tenía acceso— y la sorprende venerando secretamente a un icono, pero esta, para despistarlo, le dice que estaba jugando con sus muñecas, a las que amaba mucho. La escena inferior representa a los emperadores Teófilo I y Teodora, entronizados y con halo para enfatizar el poder y carácter sagrado de los soberanos, discutiendo sobre el culto a los iconos, en presencia de los dignatarios de la corte. Dénderis había revelado al emperador iconoclasta que había sorprendido a la emperatriz venerando a escondidas las imágenes sagradas en sus aposentos, pero Teodora logra calmar las sospechas de su esposo.

Dénderis sorprende a la emperatriz Teodora en sus aposentos (escena superior) y Teófilo I y Teodora discuten sobre el culto a los iconos en presencia de los dignatarios de la corte (escena inferior). Miniaturista bizantino (A1) (fol. 45r).

En la escena superior del folio 102r, Danielis, ya anciana, viaja en una suntuosa litera a Constantinopla, acompañada de ocho hombres jóvenes (según el texto, trescientos), para visitar al emperador Basilio I por invitación de este.

El lujo de la litera, decorada con sedas azules e hilo de oro, nos habla de la prosperidad de la producción de telas de seda, lino y lana durante el período bizantino en el Peloponeso (Patras, Corinto y Esparta), así como de la fama de las vestiduras de seda y oro realizadas por la comunidad judía de Tebas, según testimonio de Benjamín de Tudela (1160-1173). Con ello, el miniaturista siciliano ha querido proyectar un imaginario real sobre Bizancio, pues, tal y como narra Nicetas Coniata en su *Historia* (III, 13, 10), en 1147, tras la captura de Tebas y Corinto por Roger II, sus tropas trajeron de vuelta como cautivos de estas ciudades a tejedores especializados en la realización de este tipo de telas ornadas con hilo de oro.

El origen de la relación privilegiada entre Danielis y Basilio está en una visita que este hizo de joven a la iglesia de San Andrés de Patras, en tiempos de Miguel III (842-867), donde un monje clarividente lo reconoció como futuro emperador (fol. 84r).

Al enterarse Danielis de la profecía (fol. 84v), invitó a Basilio a su casa, le dio regalos y dinero, y le pidió que contrajese hermandad espiritual (*adelphopoiesis*) con su único hijo, Juan (fol. 85r). Lo hizo a cambio de la promesa de que cuando él llegara a ser emperador la haría señora de las tierras de Acaya y protegería a su hijo, quien finalmente llegó a ser protospatario (jefe de la guardia personal del emperador).

En la escena central, Danielis es recibida por Basilio I en el Palacio de Magnaura, donde esta le ofrece multitud de regalos. Según la crónica de *La continuación de Teófanes* (siglo x), en la que se inspira Juan Escilitzes, Danielis llevó al emperador grandes obsequios: quinientos esclavos, entre ellos cien eunucos y cien mujeres que sabían tejer, así como cientos de tejidos de seda, lino y lana, y vasijas de oro y plata. La magnificencia de Danielis y su representación ante el emperador seguida de una exótica comitiva que porta ofrendas recuerda a la iconografía de la visita de la reina de Saba al rey Salomón (I Reyes 10, 1-13). Cabe señalar, a este respecto, que la sala del Palacio de Magnaura donde se lleva a cabo la recepción es descrita por Liutprando de Cremona en la embajada que realiza en el año 949/950 como si fuese el Trono de Salomón. Por último, en la escena inferior, se recoge la última visita de Danielis a la corte, en este caso, a León VI el Sabio (886-912), hijo y sucesor de Basilio I, para ofrecerle numerosos regalos y declararle heredero de su fortuna.

Danielis en Constantinopla. Miniaturista siciliano (B1) (fol. 102r).

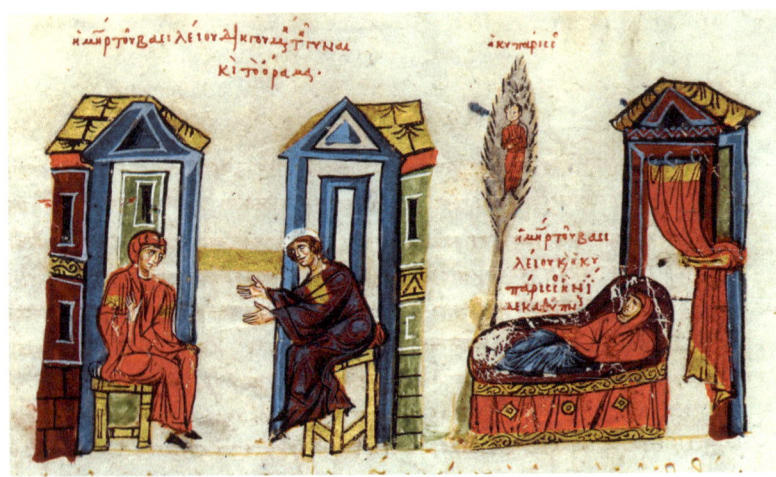

La madre del futuro Basilio I tiene un sueño (derecha) y lo consulta con una mujer que le anuncia que su hijo será emperador (izquierda). Miniaturista bizantino (A1) (fol. 84r).

La interpretación de los sueños (oniromancia), la lectura de presagios y las profecías aparecen de forma reiterada en las crónicas bizantinas para anunciar el destino de sus protagonistas. Siguiendo modelos hagiográficos, la biografía de Basilio y su carrera hacia el trono —en la que Juan Escilitzes retoma temas y motivos de la *Vita Basilii* (s. x)— está marcada por estos auspicios y señales, con los que se quería evidenciar que su destino era obra de la Providencia divina. En este caso concreto, su madre viuda, ansiosa y preocupada por la suerte de su hijo en Constantinopla, tiene un sueño en el que Basilio aparecía sentado en lo alto de la frondosa copa de un enorme ciprés dorado que surgía en medio de su atrio. Tras consultar con una pía mujer sobre su significado, esta le confirma que su hijo se convertirá en emperador. En la *Vita Basilii* (4, 5), sin embargo, el intérprete es un hombre y se nos da la clave para entender la visión del ciprés de oro, al aludir a la historia del sueño de la viña que surge de los genitales de la madre de Ciro y cubre el continente entero como signo de que su hijo reinará.

retóricos para poner de manifiesto la acción de la providencia divina en el final de un emperador (Miguel I) o en la ascensión fulgurante de otro (Basilio I), las mujeres del pueblo adquieren cierta visibilidad, pues, como adivinas o videntes ejercían en la historia el mismo papel que las pitonisas y sibilas del mundo clásico.

Por otra parte, la indefensión y la fragilidad de las mujeres las convertían en tiempos de guerra y de pillaje en víctimas de la brutalidad masculina, de la que en raras ocasiones salían ilesas. Juan Escilitzes cuenta uno de estos casos de violencia durante el reinado de Miguel IV Paflagón (1033-1040), en el que en el año 1034 un varego o vikingo intentó violar a una mujer en los campos del tema de Tracesion, en Asia Menor.

La miniatura se inserta en medio de la narración del episodio y se compone de dos escenas que, esta vez, se leen de izquierda a derecha. Según la narración, el varego encuentra a la mujer en un

Una mujer se venga de un intento de violación por parte de un varego, matándolo con una lanza. Al enterarse sus compañeros de lo sucedido dan a la mujer todo lo que aquel poseía. Miniaturista siciliano (B1) (fol. 208r).

Asesinato de León V, cuyo cuerpo es arrastrado por la puerta de Skyla hacia el Hipódromo mientras la guardia varega rodea el palacio. Miniaturista bizantino (A1) (fol. 26v).

paraje solitario e intenta forzarla, pero ella se defiende con un puñal que le clava en el corazón y lo mata. Al enterarse sus compañeros, entregan a la mujer todas las posesiones del agresor. El miniaturista ha querido incidir en tres aspectos a la hora de presentarnos la historia. En primer lugar, el arma con la que la mujer mata a su agresor es sustituida por una lanza, que esta hinca en el pecho de su agresor en una composición quiástica que enfatiza el dramatismo de la acción y el afán de venganza. En segundo lugar, la virtud de la mujer, que ha protegido su virginidad, se resalta a través de sus vestiduras, una túnica blanca inmaculada, un manto azulado y un *maphorion* rojo que cubre castamente sus cabellos. De esta manera, la muchacha adquiere para el espectador los rasgos y los colores distintivos de la imagen de la pureza por excelencia: la Virgen María. En tercer lugar, los varegos, que el miniaturista siciliano (B1) retrata quizás por ignorancia como morenos, son, sin embargo, caracterizados en su condición de hombres rudos y bárbaros, con rostros hirsutos y sencilla indumentaria (túnicas cortas y calzas). Cabe recordar que los varegos, que tradicionalmente eran vikingos que asolaban las costas del Imperio cometiendo pillajes y robos, se habían convertido a través del pacto entre el príncipe Vladimir y Basilio II en la guardia personal del emperador. No obstante, a los ojos de los bizantinos fueron siempre vistos como gente violenta, dada al jaleo y a la bebida. El episodio de la violación contrapone, de alguna manera, la civilización de los romanos (bizantinos) a la barbarie de los bárbaros, ya que muestra el castigo del violador y la compensación debida a la víctima.

En su condición de guardia personal del emperador, los varegos aparecen en otra escena llena de tragedia y violencia, esta vez localizada en el seno del propio Palacio imperial, en el denominado Hipódromo cubierto. Aquí, los varegos parecen ajenos a lo que está aconteciendo, pues se los representa vigilando en torno al edificio. Se trata del homicidio del emperador León V el Armenio (813-820), brutalmente asesinado en la iglesia del palacio durante una celebración litúrgica en la Nochebuena del año 820, cuyo cadáver fue arrastrado después por sus verdugos a través de la puerta de Skyla hacia el Hipódromo.

En este caso, el responsable de la ilustración es el principal miniaturista bizantino (A1), el cual se distingue por cuidar al máximo los detalles de la representación a fin de darle apariencia de veracidad. De hecho, sorprende la minuciosidad con la que intenta reproducir la riqueza de la textura y los colores (rosa, marrón, azul) de los mármoles que decoraban las paredes del Palacio imperial, así como la indumentaria y el equipamiento de la guardia varega, que, como soldados bizantinos, llevan escudos redondos, coraza de placas metálicas (*lorica squamata*), cascos puntiagudos, lanzas, y enarbolan el arma más característica y temible de los varegos: el hacha.

MODELO, FUENTES E INTENCIONES

El análisis del aparato decorativo del manuscrito plantea una serie de interrogantes. En primer lugar, cómo se conformó el inmenso repertorio de imágenes que lo decora y si los miniaturistas tuvieron o no un modelo anterior o prototipo. En segundo lugar, qué valor o función poseía la ilustración como elemento de fruición por parte del lector y hasta qué punto esta puede ser utilizada por nosotros como documento arqueológico. En tercer lugar, qué pretendía el comitente con el encargo de una empresa de estas dimensiones.

Para encuadrar bien esta serie de cuestiones, cabe señalar que la imagen artística medieval no es nunca una mera copia de la realidad, ya que no se trata de una instantánea fotográfica, y en su génesis intervienen dos factores ineludibles: por una parte, el peso de la tradición, es decir, los modelos y la memoria, y por otra parte, la intencionalidad programática, en la que la ideología desempeña un papel importante. Como ya hemos observado en el análisis de algunas escenas del *Skylitzes Matritensis*, la narración visual no es una mera transcripción del texto de la crónica, sino un texto icónico que establece un diálogo con ella y, en muchas ocasiones, la complementa, la altera o incluso la sustituye. Como recordaba G. E. Lessing en su *Laocoonte* (1766), a la hora de representar un episodio la pintura presenta limitaciones con respecto a la poesía, pues tiene que congelar en un instante y en un espacio los elementos de la narración, de manera que resulta muy frecuente que el pintor recurra a la sinopsis de varias acciones en una o que simplemente avance acontecimientos que faciliten una mejor lectura de la imagen. Por ello, es muy habitual en el manuscrito que, en aras de la expresividad o la legibilidad del episodio, los miniaturistas concentren la acción en ciertos momentos y que no duden tampoco en sustituir elementos eficaces en su mensaje, como hemos visto en el caso de los embajadores musulmanes ante Teófilo o en la lanza clavada por la mujer ultrajada.

A menudo, en el estudio del *Skylitzes Matritensis* se ha priorizado el análisis del ciclo figurativo como una mera ilustración de los episodios del texto, sin entrar en la problemática de la conformación del ciclo, o se ha querido ver en su ilustración una expresión de una ideología concreta sin contar con la complejidad material y artística de su proceso de elaboración. Vasiliki Tsamakda señaló que el códice de Madrid tuvo que realizarse en Sicilia a partir de una copia ilustrada de la crónica existente en la biblioteca imperial de Constantinopla, que se habría traído a la isla a través de las relaciones diplomáticas entre la corte normanda y la bizantina, para tal ocasión. Según la autora, la copia de un códice que hubiese servido de modelo o prototipo explicaría la serie de errores e incongruencias que existen en algunas de las miniaturas del manuscrito madrileño, que posiblemente ya se encontraban en aquel. Así, a veces, una escena se repite (fol. 19v arriba, fol. 20r abajo), aunque sus rúbricas y contenidos sean distintos; en otras ocasiones, la escena sustituye elementos o motivos que no están en el texto, como hemos visto con los embajadores árabes con la carta de al-Ma'mún a León el Filósofo (fol. 75r) o con la lanza de la mujer ultrajada (fol. 208r). Lo mismo sucede en la discusión teológica que tiene lugar en el Lausiakos o triclinio de la parte baja del Palacio imperial entre el emperador Teófilo y los hermanos Graptoi (fol. 50v abajo), en el que, contradiciendo lo que dicen la narración y las rúbricas, se representa a la emperatriz Teodora en vez de a su esposo.

Por el contrario, en la escena de la visita de la princesa rusa Olga (Elga) a Constantinopla, a la corte de Constantino VII Porfirogéneta, aunque el texto y las rúbricas señalan que ella «se bautizó» (ἐβαπτίσθη) (fol. 135r), la miniatura solo recoge el momento de la recepción en palacio.

No es posible determinar con exactitud si estos desajustes o alteraciones son fruto del proceso de copia o estaban en el prototipo utilizado por los miniaturistas. Como veremos más tarde, algunos de estos cambios pudieron ser fruto de la premura con la que se debió de realizar el *Skylitzes Matritensis*: en el caso de la miniatura de la princesa rusa, el miniaturista que la realiza (B1) se caracteriza por sobrepasar, a menudo, el espacio en blanco dejado por el escriba para la miniatura, de manera que, al colocar el episodio de la recepción en el centro, no tuvo margen para incluir la escena del bautismo. En otras ocasiones, la sustitución de unos elementos por otros —embajadores, daga, Teodora— pudo producirse como una alteración consciente, bien en el prototipo, bien en la copia. A veces, el error está en el propio escriba que escribe las rúbricas sin fijarse en la colocación de las figuras, como sucede en el caso de los hermanos Graptoi, que se comenta justo en la siguiente página.

Por ello, no parece plausible, como pretende Elena N. Boeck, que el aparato decorativo del *Skylitzes Matritensis* sea una producción siciliana *ad hoc*, independiente de un modelo y patrocinada por el rey normando Roger II (1130-1154) con el único objetivo de subvertir la imagen de Bizancio. Para dicha autora, la ilustración habría buscado conscientemente convertir la crónica en un espejo distorsionado destinado a la ridiculización del enemigo,

En la escena superior, la emperatriz Teodora (Θεοδώρα ἡ βασιλίς) conversa con san Lázaro (Ὁ ἅγιος Λάζαρος), un monje pintor de iconos martirizado en Constantinopla durante la iconoclastia, a quien pide que perdone los pecados de su marido, el emperador Teófilo. Este había ordenado que le quemasen las palmas de las manos, pero Teodora logró liberarle y curarle las heridas. En la escena inferior, la emperatriz Teodora preside en el Lausiakos la discusión teológica sobre la veneración de los iconos con los hermanos Graptoi. Estos eran dos hermanos y monjes palestinos que se habían convertido en Constantinopla en líderes de la resistencia contra la iconoclastia o destrucción de las imágenes, por lo que serían más tarde, por orden de Teófilo, martirizados y tatuados en la frente como malhechores, de ahí su sobrenombre Γραπτοί («escritos» o «tatuados»). Aunque la que está representada en su trono y bajo un baldaquino es la emperatriz Teodora, según el texto y rúbricas (Θεόφιλος) que acompañan a la imagen, fue Teófilo quien hizo venir a los hermanos Teófanes y Teodoro al palacio, representados en rojo y a ambos lados de la figura central, para discutir con ellos sobre el culto de las imágenes sagradas. La miniatura contiene dos equivocaciones por parte del responsable de la imagen y del escriba (C1). El primero sustituyó quizás a Teófilo por Teodora, como licencia, para conceder más protagonismo en el relato visual a la emperatriz iconodula que a su marido iconoclasta; el segundo no se fijó en las imágenes y en vez de colocar el nombre de Teófanes (Θεοφάνης) sobre la figura azul de la derecha, lo hizo sobre la figura roja de la izquierda.

Teodora y el monje Lázaro (escena superior). Teodora y los hermanos Graptoi (escena inferior). Miniaturista bizantino (A1) (fol. 50v).

al presentar la corte imperial como un nido de intrigas, asesinatos y tiranía. Tal afirmación entra en contradicción con la propia condición del género de las crónicas bizantinas, en las que era muy habitual la descripción de tramas, conspiraciones y golpes de estado, como podemos ver tanto en la obra de Juan Escilitzes como en la de sus contemporáneos —Miguel Pselo— y predecesores (*La continuación de Teófanes*). En mi opinión, ese interés por visualizar Bizancio con todas sus luces y sombras respondería, más bien, a una actitud positiva, de índole histórica y retrospectiva en relación con el pasado griego de Sicilia. De hecho, la elección de la crónica de Juan Escilitzes no parece casual, pues, en su narración, con respecto a otras como la de *Teophanes continuatus*, Miguel Pselo y Miguel Ataliates, se multiplican las referencias a la isla, bien porque el autor utilizó como fuente la obra de Juan Siceliota —un monje originario de Rometta, el último reducto del dominio bizantino en el este de Sicilia, que cayó en manos musulmanas en el año 965—, bien por su interés en la campaña emprendida por el general Jorge Maniaces por recuperar los dominios sicilianos en 1037.

Resulta difícil imaginar que la ilustración de la crónica no haya seguido un modelo previo, pues es tanta la información que nos proporciona sobre la indumentaria, las costumbres de la corte, la arquitectura palaciega, la geografía y la sociología del Imperio que hubiese sido imposible llevarla a cabo sin un referente real. No obstante, y este ha sido un aspecto soslayado en muchos estudios, el proceso de copia en Sicilia fue complejo, de manera que la fidelidad fue mayor en el grupo de miniaturistas bizantinos, que posiblemente venían de Constantinopla y conocían a la perfección las técnicas de ilustración bizantina del prototipo, sus convenciones representativas e incluso alguno de los lugares en los que sucedían los hechos. Por el contrario, el grupo de ilustradores sicilianos tuvo que «traducir» y «adaptar» a su destreza un lenguaje artístico que les era ajeno. Así, les resultó, sin

La princesa rusa Olga visita al emperador Constantino VII Porfirogéneta en el Palacio imperial de Constantinopla. Miniaturista siciliano (B1) (fol. 135r).

duda, complicado acomodar la fluida y ágil narración visual del modelo bizantino al espacio en blanco, de manera que muchas de sus miniaturas se expanden hacia el texto y los márgenes (fols. 203r, 210v); no fueron tampoco capaces de reproducir el ilusionismo helenístico del modelo, de ahí que escenas y arquitecturas aparezcan siempre aplanadas, y, por último, utilizaron su propia paleta pictórica, más rica en matices y colorantes orgánicos, así como el recurso a temas y motivos iconográficos propios para resolver algunos episodios.

A pesar de estas variaciones entre los miniaturistas, resulta muy difícil negar la presencia de un prototipo común a la hora de elaborar el *Skylitzes Matritensis*, que habría servido de referente para la distribución del texto y los espacios para las imágenes y rúbricas en el folio. Buena prueba de ello sería, por ejemplo, la historia del episodio de la competición en el Hipódromo de un cautivo musulmán y el eunuco Teodoro Crátero en tiempos del emperador Teófilo, que el miniaturista bizantino (A1) dispone, con gran destreza, a lo largo de dos páginas (fol. 55r-v), en tres secuencias de imágenes perfectamente colocadas: mientras que la primera y la tercera —que corresponden al inicio y desenlace— están ubicadas justo después del pasaje que describe respectivamente estas acciones, la imagen central, que es el clímax del episodio, se inserta en medio del texto que contiene la discusión entre el emperador y el eunuco.

El manuscrito iluminado ha de entenderse, pues, como un todo, siguiendo la terminología de Gérard Genette, en el que la imagen se convierte en un paratexto, es decir, en un elemento esencial que envuelve al texto principal y cambia su percepción por parte del lector. La variedad del repertorio de temas y motivos que aparecen en el *Skylitzes Matritensis* es una pista para entender cómo se conformó su prototipo, ya que muchas escenas narrativas están construidas a partir de fórmulas muy bien establecidas en el arte bizantino para representar asuntos de índole muy diversa, como

ceremonias, competiciones, muertes, funerales, martirios, adivinación, ajusticiamiento, batallas, asedios, geografías, agricultura
o incluso la descripción del Hades. Para decirlo de otra manera,
los miniaturistas del prototipo estaban bien familiarizados con la
inmensa colección de libros miniados que atesoraban las biblio-
tecas de Constantinopla durante el período medio, pues muchas
de las escenas del manuscrito remiten a manuscritos bíblicos y
exegéticos, como octateucos, salterios y homiliarios, así como a
tratados de poliorcética (máquinas y táctica militar) y corografía
(descripción de regiones y zonas delimitadas).

Para explicar adecuadamente cómo se gestó el repertorio de
la crónica ilustrada, se podría aplicar a sus imágenes el concepto
de «hipertextualidad» de Genette, que define la relación de un
texto que se construye con referencia a otro diferente. Esto es lo
que sucede con algunas de las imágenes del *Skylitzes* que están
formadas a partir de otras procedentes de repertorios y textos diversos con las que establecen un diálogo, ya que estas les ayudan
a transmitir veracidad y contenido. De ahí que el *Skylitzes* tenga,
todavía hoy, este aspecto de obra enciclopédica, pues aúna en una
sola narración diversos saberes y aspectos de una cultura que se
disponen en capas y dan sentido al relato.

Así, frecuentemente, las escenas de asedio remiten a los tratados de táctica y poliorcética bizantinos. Estos constituían un
corpus reunido a mediados del siglo X a partir de un conjunto
de textos muy diversos y de distintas épocas (Ateneo, Bitón de
Pérgamo, Herón de Alejandría, Filón de Bizancio, Apolodoro de
Damasco, etc.) sobre temas militares y atribuido a Herón de Bizancio. En él, abundan las ilustraciones sobre construcción de
máquinas de guerra, asalto a ciudades y estrategias de táctica
militar, y su objetivo era proporcionar material práctico a los generales responsables de los asedios de ciudades retenidas por
los árabes. Dos imágenes del *Skylitzes*, pertenecientes a miniaturistas de formación artística muy diferente, ejemplifican esta

Escenas en el Hipódromo. Miniaturista bizantino (A1) (fol. 55r-v).

En la escena superior del anverso, un musulmán cautivo —descrito en texto y rúbrica como «agareno»— exhibe en el Hipódromo ante el emperador Teófilo y su esposa su pericia manejando dos lanzas a la vez. Los elementos del edificio están perfectamente representados a través de la tribuna imperial (*kathisma*), y las balaustradas (*parakyptica*) donde se asoman los espectadores. En la escena inferior, el eunuco Teodoro Crátero se burla de la demostración que acaba de realizar el agareno ante el emperador y proclama, dirigiéndose a los espectadores, que él mismo puede vencerlo en una justa, como así lo hizo en la escena que provoca el desenlace, a la vuelta del folio (fol. 55v), en la parte superior.

El Hipódromo era uno de los edificios públicos más distintivos de Constantinopla. Desde la tribuna, que comunicaba con el palacio, el emperador presidía los *ludi* circenses, en especial las competiciones de cuadrigas de caballos que se desarrollaban en la arena. Esta estaba dividida por la célebre *spina*, donde se alzaba el obelisco de Teodosio y una serie de estatuas del mundo clásico. Sobre la entrada del Hipódromo, en el flanco norte, se situaba el célebre grupo helenístico de los Caballos de Quíos, que los venecianos se llevaron como botín de guerra en la Cuarta Cruzada para colocarlos, como trofeo, sobre la fachada de la basílica de San Marcos de Venecia. En la cara oriental de la base del obelisco de Teodosio I, del año 390, que todavía se conserva *in situ*, puede contemplarse una escena similar a la del *Skylitzes Matritensis*, en la que el emperador, desde su tribuna, lanza la corona de la victoria al ganador, mientras que en la parte inferior se sitúan las gradas, con los espectadores, los órganos, los cantores y los bailarines.

La flota bizantina incendia los barcos de Tomás el Rebelde en Constantinopla. Miniaturista bizantino (A1) (fol. 34v).

relación hipertextual entre la crónica y esta compilación militar. La primera es la célebre escena del fuego griego (fol. 34v) realizada por el miniaturista principal bizantino (A1), en la que la flota bizantina incendia los barcos de Tomás el Rebelde a las puertas de Constantinopla en el año 822.

El fuego griego constituyó el arma de guerra bizantina por excelencia, pues durante siglos hizo inexpugnable a la ciudad de Constantinopla y dio preminencia a su flota en los mares. Se trataba de un líquido inflamable, compuesto de petróleo, que se calentaba en una especie de sifón o *cheiromanga* para dirigirlo después contra el enemigo. Una imagen muy similar de este mortífero artilugio se encuentra en un ejemplar del tratado de Herón de Bizancio, *Liber de machinis bellicis*, del siglo XI, que se conserva en la Biblioteca Apostolica Vaticana (Vat. gr. 1605, fol. 36r). Igualmente explícita del conocimiento de este repertorio de máquinas de guerra es la escena realizada por uno de los miniaturistas sicilianos (B3), en la que el ejército de Nicéforo II Focas (963-969) emplea una mangana —un tipo de catapulta que aparece en los tratados— durante el asedio de la ciudad de Mopsuestia en Cilicia.

Una relación similar, pero con otro repertorio, la encontramos en la escena de la muerte del emperador Miguel II el Tartamudo en el año 829 (fol. 42r). Bajo la rúbrica «El emperador Miguel muere» (Μιχαὴλ ὁ βασιλεὺς τελευτᾷ), el difunto se representa, con su indumentaria e insignia imperiales en un catafalco o *lit de parade*, rodeado de cuatro grandes candeleros, mientras a ambos lados se agolpa el gentío que acude a velarlo con multitud de antorchas: a la izquierda, la jerarquía eclesiástica, a la derecha, los familiares y dignatarios de la corte, que inclinan sus cabezas y muestran el dolor en sus rostros. Uno de ellos, que se gira ante el cadáver, parece expresar el planto y dolor del grupo. La escena, en su parafernalia,

Asedio de Mopsuestia con una catapulta durante la campaña militar de Nicéforo II Focas. Miniaturista siciliano (B3) (fol. 151r).

Muerte del emperador Miguel II el Tartamudo. Miniaturista bizantino (A1) (fol. 42r).

composición y sentido dramático, recuerda a la imaginería religiosa del período comneno de mediados del siglo XII, en concreto, a la escena del lecho de Salomón en las Homilías de la Virgen del monje Jacobo de Kokkinobaphos (París, BnF, gr. 1208, fol. 109r), o en la *Koimesis* de María de los mosaicos de la Martorana (1143-1151) en Palermo.

Menos obvia es la explicación que podemos dar a las peculiares escenas correspondientes a la campaña contra los serbios —denominados *triballi* (Τριβαλλοί)— por Miguel, prefecto del tema o provincia militar de Dirraquio (Dyrrachion), actual Durres, localizada en la costa de la actual Albania, meses después de la coronación de Constantino IX Monómaco en 1042. Según la crónica, la inexperiencia de Miguel llevando al ejército por ásperos caminos y estrechos desfiladeros entre las montañas hizo que los serbios pudiesen tenderles una sangrienta emboscada a

Los serbios masacran a los bizantinos en un paso de montaña a su vuelta de una expedición. Miniaturista siciliano (B5) (fol. 222v).

su regreso, que consistió en tirarles desde lo alto piedras, flechas y toda clase de armas, de manera que muchos soldados bizantinos cayeron, unos sobre otros, por los estrechos precipicios, una masacre de la que pocos pudieron escapar.

El desastre, en el que murieron cuarenta mil hombres, se ejemplifica a través de dos expresivas imágenes de la matanza y posterior huida de un indefenso ejército bizantino desarmado, realizadas por un miniaturista siciliano (B5), cuya iconografía no ha dejado de intrigar a los estudiosos. En la primera (fol. 222v), los serbios, desde lo alto, lanzan sus piedras y flechas sobre los soldados que, en la parte izquierda, caen en dos fosas, en las que aparecen amontonados como cadáveres. En la segunda (223r), más poética y onírica, los supervivientes, caminando ahora de pie y desnudos (πεζοὶ καὶ γυμνοί), tal y como reza el texto de la rúbrica, se adentran en una tenebrosa y sinuosa galería subterránea recubierta de plantas

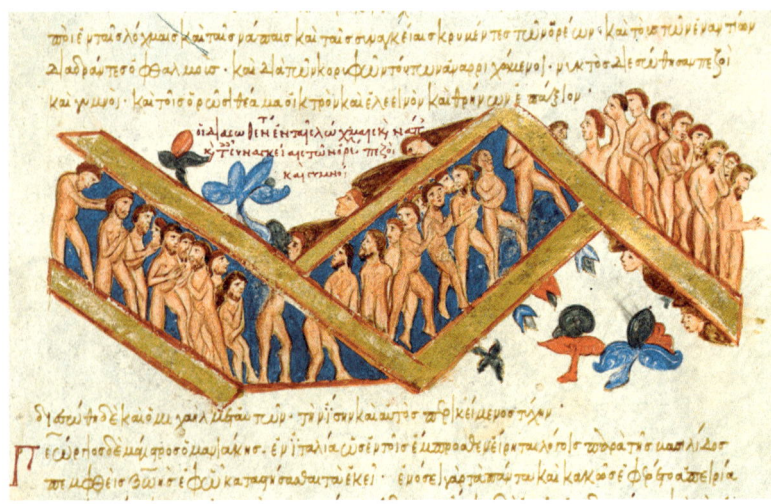

Tras la derrota, los soldados bizantinos, desnudos, se enconden en las montañas. Miniaturista siciliano (B5) (fol.223r).

y flores. Para Vasiliki Tsamakda, esta última imagen recuerda a la escena de los condenados en la iconografía bizantina del Juicio Final, donde, efectivamente, era habitual representar las almas de los difuntos desnudos en las diversas cavernas que componían el Hades, como se puede apreciar, por ejemplo, en un evangeliario bizantino de la segunda mitad del siglo XI (BnF, gr. 74, fol. 51v).

En mi opinión, una vez más, la imaginería del *Skylitzes* demuestra haberse conformado a partir de diversos repertorios iconográficos con los que mantiene una relación hipertextual: no había mejor manera de expresar la muerte, la desgracia y la desolación de la derrota bizantina en el fondo de unas gargantas montañosas que compararlas visualmente con las cavernas del Hades bizantino. Así, si para la primera imagen funciona muy bien el parangón con las escenas del Juicio Final, en el segundo caso es posible atinar todavía más su referente, que estaría en el tema de la catábasis o descenso de las almas al Hades, un género entonces muy popular en la literatura bizantina, como muestra el diálogo *Timarion*, realizado en la primera mitad del siglo XII. Una escena de catábasis muy similar sirve para ilustrar uno de los pasajes de las Homilías de la Virgen del monje Jacobo de Kokkinobaphos, realizadas en Constantinopla entre 1140 y 1150 (BAV, cod. gr. 1168, fol. 39v; BnF, gr. 1208, fol. 41r). No hay que descartar, sin embargo, que en el imaginario de la desgracia de esos cuarenta mil soldados se hubiese querido evocar en su indefensa desnudez el martirio de otros soldados santos, los célebres Cuarenta Mártires de Sebaste, que en la iconografía bizantina aparecen siempre desnudos en su suplicio.

Todos estos ejemplos nos llevarían a una conclusión: los miniaturistas del manuscrito madrileño, sea cual fuese su formación —bizantina o siciliana—, tuvieron acceso a un prototipo bizantino, posiblemente realizado en Constantinopla y decorado a partir de diversos repertorios iconográficos.

SISTEMA DE ILUSTRACIÓN, NARRACIÓN CONTINUA E IMAGINERÍA BÉLICA

Para entender la peculiar relación entre texto e imagen que se despliega en el *Skylitzes Matritensis*, cabe subrayar la importancia que la imagen tenía en la cultura bizantina. En griego, la palabra γράφω servía tanto para definir la acción de escribir o redactar como la de pintar o grabar; de la misma manera que ἡ γραφή podía ser tanto un escrito como un cuadro o pintura. Así, Juan de Damasco (676-749), en su tratado sobre las imágenes sagradas, afirmaba que la imagen habla a la vista como las palabras y nos ayuda a comprender. Que una historia pudiese ser tanto escrita como pintada entraba, pues, dentro de los parámetros estéticos y visuales del mundo bizantino.

Como hemos visto, el sistema de ilustración del *Skylitzes Matritensis* es extremadamente sugerente, pues consiste en un relato acompañado de numerosas y animadas miniaturas que literalmente se van insertando, sin marco, en la caja del texto y se comentan con rúbricas para facilitar su rápida comprensión. A nuestros ojos contemporáneos, el carácter directo, fluido y animado de esta narración visual nos recuerda las viñetas de un cómic o de una novela gráfica actual. Se trata, sin embargo, de un sistema de ilustración derivado de la Antigüedad y conocido como *papyrus-style*, utilizado

en los antiguos rollos de papiro, en el que las imágenes se coloca-
ban en medio de las columnas de texto sin marco alguno. A partir
del siglo III, se produjo, sin embargo, un cambio en el formato de
los libros, que pasaron de la forma fluida del rollo a la rígida de los
códices encuadernados, en los que el pergamino acabó por im-
ponerse como soporte. Esta metamorfosis dio lugar, en primera
instancia, a una migración del sistema de ilustración, de manera
que los códices de la Antigüedad Tardía y del período paleobizantino presentan todavía las imágenes insertadas en las columnas del
texto, bien sin enmarque, como el caso del *Dioscórides* de Viena
(512) (Viena, Österreichische Nationalbibliothek, Vindob. Med.
gr. 1), bien con predominancia de marcos, como en el *Virgilio Romano* (BAV, Vat. lat. 3867) (s. IV), el *Virgilio Vaticano* (BAV, Vat. lat.
3225) (*ca.* 400) o la *Ilias Picta* (Milán, Biblioteca Ambrosiana, cod.
F 205 inf. (*ca.* 500).

En cuanto a la narración de hechos históricos, en la Antigüedad romana existieron también esos rollos ilustrados, que son el
origen del sistema de narración continua de las columnas histo-
riadas, en las que las escenas corren en secuencia y sin división,
en un mismo espacio, en los que personajes, ciudades y paisajes
se representan a vista de pájaro. La Columna Trajana (113) y la de
Marco Aurelio (180-190), en Roma, y las de Teodosio I (386-394)
y de Arcadio (401-404), en Constantinopla, constituyen ejemplos
de este tipo de narración visual continua que pervive en el período
bizantino en el célebre Rollo de Josué (*ca.* 972) (BAV, cod. Pal. gr.
431), realizado durante el Renacimiento macedonio. Por ello, el
Skylitzes Matritensis es posiblemente heredero de una tradición
bizantina de crónicas ilustradas adaptadas al formato libro en pergamino de las que no se ha conservado ningún ejemplar anterior a
nuestro códice, ya que la Crónica universal alejandrina del siglo VI
está realizada en papiro.

El uso reiterativo de secuencias constituidas por dos escenas con-
tinuas, sin marco, dentro del texto, y la representación de animadas

Batalla entre bizantinos y búlgaros. Este episodio no está recogido en el texto de Juan Escilitzes, por lo que posiblemente se trate de una ilustración de un pasaje que describe Juan Zonaras en su crónica en este punto del relato: la batalla entre el kan de los búlgaros, Krum, y León V el Armenio. Miniaturista bizantino (A1) (fol. 16v).

escenas de batalla y asedio en las que prevalece la vista de pájaro retrotraen nuestro códice a estos modelos de la Antigüedad Tardía y el período paleobizantino. En particular, las composiciones de los encuentros bélicos del principal miniaturista bizantino (A1), en los que los jinetes de ambos bandos se enfrentan en torno a un espacio en blanco galopando sobre los muertos caídos a tierra (fols. 12v inferior, 16v inferior) recuerdan a algunas ilustraciones de la *Ilias Picta* (min. XLII).

De igual manera, la ilustración de la persecución del enemigo que huye a galope en su caballo (fol. 19r) o la disposición de máquinas de guerra ante las murallas de la ciudad (fol. 151r) son una lejana derivación del sistema de narración de la Columna Trajana, en escenas como las de los caballeros sármatas en fuga o el asedio de una fortaleza dacia.

La caballería bizantina liderada por León V el Armenio persigue y derrota a los búlgaros (escena central). Miniaturista bizantino (A2) (fol. 19r).

En el capítulo anterior hemos expuesto la idea de que los miniaturistas de nuestro códice tuvieron acceso a un manuscrito ilustrado anterior, quizá perteneciente a la biblioteca palatina de Constantinopla, que podría explicar la serie de errores existentes en una serie de miniaturas y epígrafes. A ello pueden añadirse otros dos argumentos más. En primer lugar, como señaló Ihor Ševčenko, en los márgenes del texto de algunos folios aparecen copiados versos funerarios en honor de una serie de emperadores del siglo X, como León VI (fol. 116v), Constantino VII (fol. 139r), Nicéforo Focas (fol. 157r), Tizmisces (fol. 159r), así como del general Bardas Focas (fol. 182v), fallecido en el año 989. Ello indicaría que la copia del *Skylitzes Matritensis* fue realizada a partir de un ejemplar de la crónica existente en el entorno palatino de Constantinopla, donde tendría sentido la inclusión de esas composiciones fúnebres.

Muerte del emperador Constantino VII Porfirogéneta (arriba) y los hechos que sucedieron algunos días antes, cuando cayeron piedras en sus aposentos del palacio con gran estrépito (abajo). En el margen superior y lateral derecho del folio se desarrolla el poema funerario de Simeón Metafrasta a la memoria de este soberano. Miniaturista siciliano (B1) (fol. 139r).

El emperador Teófilo hace azotar a su cuñado Petronas en el mercado. El episodio de la flagelación del hermano de la emperatriz Teodora tras la denuncia de una mujer que lo acusa de haber construido una casa que tapa la suya no aparece en el texto de Juan Escilitzes, sino en la crónica de Juan Zonaras. El tema iconográfico del suplicio por azotes, con los brazos de la víctima en forma de cruz, remite claramente a las escenas de martirio de ciclos hagiográficos bizantinos. Miniaturista bizantino (A1) (fol. 43v).

Por otra parte, como sugiere Vasiliki Tsamakda, los miniaturistas de nuestro códice manejaron posiblemente una copia ilustrada del segundo cuarto del siglo XII, pues dos de sus miniaturas no siguen el texto de Juan Escilitzes, sino que incorporan hechos descritos solo en la crónica de Juan Zonaras, que va de la creación del mundo al año 1118. Se trata de la escena bélica ya comentada del fol. 16v inferior entre bizantinos y búlgaros, y la flagelación de Petronas (fol. 43v superior). La presencia de estos dos episodios tomados de otra crónica se explicaría, pues, a partir del acceso a un prototipo ilustrado del texto de Juan Escilitzes que ya las hubiese introducido.

No hay que olvidar tampoco que durante el gobierno del emperador Manuel I Comneno (1143-1180) existieron decoraciones parietales con escenas bélicas que nos hablan de la actualidad de este tipo de imaginería en la Constantinopla de mediados del siglo XII. Juan Cínamo refiere en su *Historia* dos interesantes noticias. En la primera (IV, 6), se refiere a Alejo Axujo, primo del emperador, que afirma que no decoró su palacio suburbano como hacían otros, con escenas mitológicas o con hazañas de emperadores en guerra o caza, sino que narró las proezas de su amigo, el sultán de Iconio (Konya). En la segunda (IV, 16), se dice que Manuel I Comneno construyó un nuevo triclinio —el Manuelites— en el Palacio imperial, cuya sala principal estaba decorada con mosaicos parietales con sus hazañas, en particular la conquista de trescientas ciudades con sus nombres. Por su parte, Nicetas Coniata (*Historia* VIII, 3, 2) especifica que se trataba de las ciudades tomadas por Manuel I durante sus campañas en Italia, las cuales, cabe recordar, se desarrollaron entre 1154 y 1158: primero, contra Roger II, y después, contra el emperador alemán Federico Barbarroja. Se trataría de un ciclo que combinaba acciones militares con panorámicas de ciudades cuyo aspecto era quizás muy similar al que se despliega en el fol. 31v del *Skylitzes Matritensis* para narrar la campaña de conquistas emprendida por Tomás el Rebelde en el estrecho de Dardanelos, en su camino para arrebatar el trono a Miguel II el Tartamudo (820-829). Así, en la parte superior, se muestra la travesía de la flota con las tropas del insurgente hacia la fortaleza de Abidos y, en la parte inferior derecha, una imagen corográfica de la serie de ciudades tomadas en su avance hacia la capital.

La flota de Tomás el Rebelde se dirige hacia Abidos (arriba)/ El general Oliviano decapita al hijo adoptivo de Tomás y envía su cabeza al emperador (abajo), e imagen de la serie de ciudades tomadas por Tomás el Rebelde en su marcha hacia Constantinopla. Los epígrafes de la escena inferior no se corresponden exactamente con la iconografía representada, ya que el nombre de Oliviano aparece sobre la imagen del emperador. Miniaturista bizantino (A1) (fol. 31v).

LA FACTURA DEL MANUSCRITO
Y SU CONTEXTO ARTÍSTICO-CULTURAL:
DIPLOMACIA, EXPECTATIVAS Y LÍMITES

La comprensión profunda de cómo, dónde y por qué se produjo un códice griego tan extenso y lujoso en el contexto del Reino normando de Sicilia constituye todavía hoy un reto para los estudiosos. Como hemos visto, la crónica relata las vicisitudes de los emperadores bizantinos, por lo que tenía especial interés para el poder imperial constantinopolitano, y la elaboración del códice tuvo lugar cuando Bizancio había perdido definitivamente su poder sobre Sicilia, conquistada primero por los musulmanes (902) y después por los normandos (1061).

Para unos se trataría de un encargo real, cuya producción se habría llevado a cabo en Palermo a mediados del siglo XII, en el entorno palatino de los reyes normandos Roger II o Guillermo I (1154-1166); para otros respondería a los intereses de la importante comunidad italo-griega que entonces habitaba la isla y por lo tanto habría sido llevado a cabo en el último tercio del siglo XII en el monasterio basiliano de San Salvador *in Lingua Phari*, en Mesina, donde el manuscrito se documenta al menos desde el siglo XV.

Sobre su factura siciliana no hay duda alguna. El códice, que consta actualmente de veintisiete cuaterniones y dos terniones (fols. 151r-156v, 173r-178v), fue copiado por dos copistas en un tipo de escritura característico del área calabro-siciliana del siglo XII conocido como «tipo Escilitzes», justamente a partir de nuestro manuscrito. El primer escriba (C1) es mayoritariamente responsable de la copia del manuscrito (fols. 9r-87v, 96r-186v, 195r-234v): utiliza una tinta de composición ferrogálica, de tonos marrones-amarillentos brillantes, para el cuerpo del texto, y una tinta roja oscura granate para los títulos en uncial alejandrina, las iniciales marginales, y las leyendas de las imágenes en semiuncial. Además, desde un punto del resultado final, todos los cuadernos del primer escriba fueron iluminados por el equipo de miniaturistas. Por el contrario, el segundo escriba se ocupó solamente de la copia de dos cuaterniones, realizados en un pergamino de peor calidad —los fols. 88-95v (cuad. ιαʹ, 11), 187-194v (cuad. κεʹ, 25)—, los cuales, a pesar de incluir los espacios para la ilustración, nunca llegaron a completarse ni con imágenes ni con leyendas.

En cuanto a la iluminación del manuscrito, resulta obvio que la magnitud y dificultad de la empresa requirió de la participación de siete miniaturistas de formación artística y estilo muy diferentes: mientras que los dos primeros iluminadores (A1 y A2) son claramente bizantinos —y probablemente procedentes de Constantinopla—, los cinco restantes (B1, B2, B3, B4, B5) pertenecen a la cultura siciliana local, con una fuerte presencia de elementos musulmanes y latinos. A tenor del análisis formal de las miniaturas, puede inferirse que el trabajo se repartió por cuaterniones entre los miniaturistas. Dos de ellos, por el volumen de ilustraciones que llevaron a cabo y su calidad, son los maestros principales de cada una de las tradiciones: A1 y B1. El hecho de que ambos, de manera extraordinaria, compartan la iluminación del fol. 8or indica que trabajaron contemporáneamente.

El maestro principal bizantino (A1) ilustró ocho cuaterniones y es responsable mayoritario de los primeros noventa folios del manuscrito (9-16v, 25-56v, 72-87v), así como del cuaternión final (227-234v). Se caracteriza por utilizar una paleta donde prevalecen

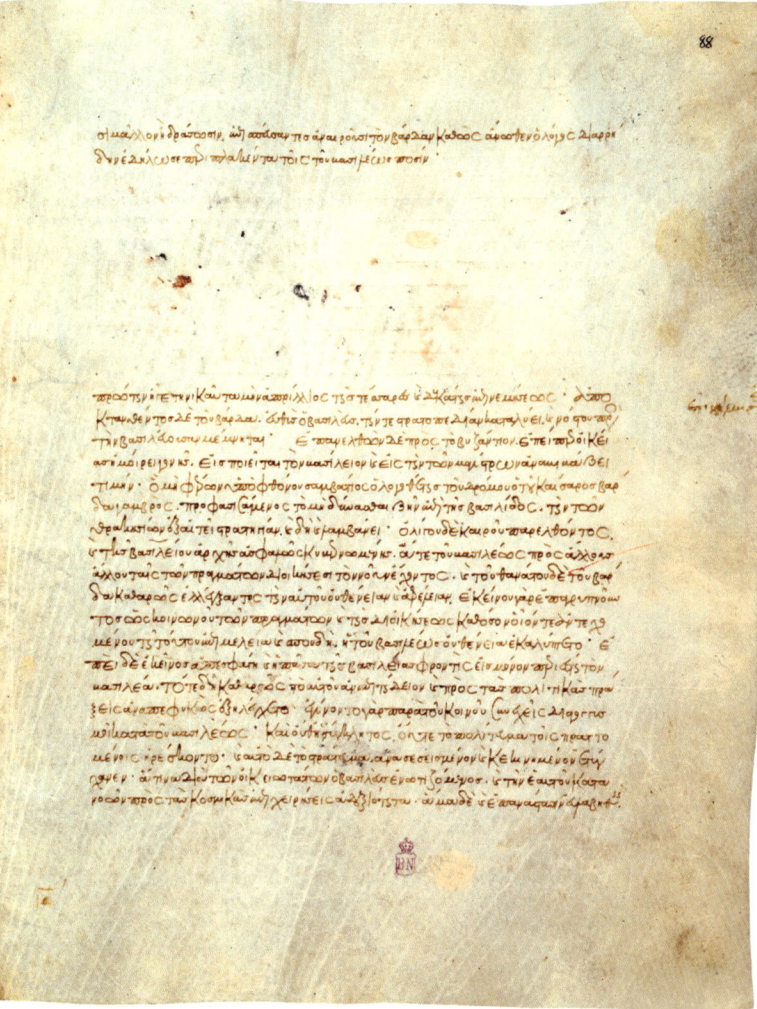

Folio con escritura y con la caja de ilustración vacía. Segundo escriba (C2) (fol. 88r).

En la escena superior, la única enmarcada de todo el manuscrito, se muestra el arresto y ejecución de Bardas, tío de Miguel III, quien, a pesar de su súplica ante el emperador (derecha), es asesinado y sus genitales cortados son exhibidos en la punta de la lanza del soldado de la izquierda, acompañados de la leyenda: τὰ αἰδοῖα («las partes pudendas»). En la escena inferior se representa, en retrato ecuestre heroico, la llegada de Basilio, tras su victoria de Tracia, en presencia de Miguel III, y su subsiguiente coronación como co-emperador por el patriarca en Santa Sofía. Miniaturista siciliano (B1) (escena superior); Miniaturista bizantino (A1) (escena inferior) (fol. 8or).

el azul y rojo, de forma vívida e intensa, así como un uso masivo del oro. Su trazo es nervioso y rápido, conserva el sentido tridimensional de la tradición helenística en figuras, composiciones y fondos arquitectónicos, y busca luces y matices tanto en ropajes como en rostros. Conoce a la perfección las fórmulas de representación y la iconografía bizantina. Su estilo remite al arte de la miniatura comnena del segundo cuarto del siglo XII; en concreto, al grupo de colaboradores del denominado Maestro de Kokkinobaphos, que también trabajaron en el Octateuco Vat. gr. 746.

Por su parte, la ilustración de los tres cuaterniones restantes de la primera parte (fols. 17-24v, 57-71v) es obra de un segundo maestro bizantino, posiblemente un aprendiz o seguidor del

Aclamación y coronación de Miguel I. El miniaturista parece haber unido dos ceremonias relacionadas con la proclamación del nuevo emperador: la elevación sobre un escudo por sus soldados ante la aclamación del público y el sonido de las trompetas, que tenía lugar en el Hipódromo, y la solemne coronación en Santa Sofía por el patriarca. Probablemente se inspiró en la escena de David siendo elevado en un escudo y coronado por otro rey que aparece en algunos salterios de la época (Londres, British Library, Add. 36928, fol. 45), lo que explicaría que el patriarca Nicéforo (derecha) lleve una indumentaria que recuerda a la del emperador. Miniaturista bizantino (A1) (fol. 10v).

El general Bardanes, tras reunir un gran ejército y autoproclamarse emperador en el año 813, avanza rodeado de sus caballeros. Miniaturista bizantino (A1) (fol. 16r).

El retrato ecuestre del protagonista, en perfil heroico, sigue la retórica de las estatuas conmemorativas de los emperadores romanos, como sucedía en la Columna de Justiniano en el Augustaion, junto a Santa Sofía. La escena prueba la pericia del miniaturista, capaz de crear un espacio tridimensional y la sensación de movimiento en la composición a través de la superposición de los caballos al trote, la multitud de jinetes o el juego de las lanzas con los estandartes al viento. Este artista, que utiliza con gran destreza el pan de oro y el lapislázuli, destaca también por documentar muy bien la indumentaria militar del soldado bizantino, con la coraza de placas (*lorica squamata*) y el casco puntiagudo.

El águila protege a Basilio bebé de los rayos del sol mientras sus padres supervisan la siega del trigo en sus campos. Miniaturista bizantino (A1) (fol. 82v).

El episodio narra un portento que señala el destino imperial del bebé, pues mientras sus padres vigilan el trabajo de sus empleados en sus campos, un águila se posa sobre el infante dormido para protegerlo de la fuerza de los rayos del sol. Aunque la madre, asustada, tira una piedra al ave varias veces para espantarla, el águila regresa, por lo que ella interpreta lo sucedido como un signo del alto destino que le espera. El miniaturista muestra una vez más su conocimiento de las fórmulas del arte comneno, pues la escena en medio de la siega con la madre de Basilio, con túnica larga y *maphorion*, hablando con su padre, recuerda el encuentro entre Ruth y Booz, los bisabuelos del rey David, tal y como se presenta en el Octateuco Vat. gr. 746 (fol. 504v).

El patriarca iconoclasta depuesto, Juan el Gramático (837-843), ordena a un diácono que destruya los iconos de un monasterio donde había sido confinado (arriba). Cuando la emperatriz Teodora se entera lo condena a ser cegado, pero gracias a la intercesión de personas influyentes, la pena le es conmutada por doscientos azotes (abajo). Miniaturista bizantino (A2) (fol. 64v).

primero, pues su calidad y destreza es claramente inferior. En todo el manuscrito se aplicó la técnica bizantina de dar un tratamiento superficial de clara de huevo a los folios para potenciar la brillantez y uniformidad de la superficie, lo que ha provocado exfoliaciones y pérdidas en la superficie pictórica especialmente visibles en las miniaturas de este artista.

El maestro principal siciliano (B1) se hizo cargo de siete cuaterniones (fols. 96-118v, 127-142v, 203-218v), fundamentalmente pertenecientes a la parte central del códice. Se caracteriza por incorporar elementos musulmanes y latinos en vestimentas y arquitecturas, por sus figuras alargadas, de rostros expresivos y oscuros, y largos cabellos, así como por una paleta pictórica que incluye el malva y el rosa. Es el exponente de una pintura híbrida, similar a la del techo de la Capilla Palatina de Palermo (1143-1147), en la que evocadoras imágenes cortesanas del arte fatimita se mezclaban con elementos bizantinos y románicos.

El miniaturista siciliano principal (B1) claramente trabaja en equipo, pues para acabar buena parte de sus cuadernos contó con la ayuda de tres miniaturistas menores: dos de ellos, más rígidos e inexpresivos, son muy dependientes de su estilo —B2 (fols, 195r-v, 200v, 201, 202r-v) y B3 (fols. 143r-v, 145v-150v, 151-156v) (para este último, véase la miniatura fol. 151, con el asedio de Mopsuestia, en páginas anteriores)—, mientras que el tercero (B4), de clara tradición románica (fols. 144-145), destaca por el rico drapeado de los ropajes que crea volumen, así como por el movimiento gestual de las manos de las figuras, rasgos todos ellos que recuerdan a los de la escultura románica siciliana de la segunda mitad del siglo XII.

Por último, el quinto miniaturista siciliano (B5) presenta un estilo muy acuarelado, con figuras desproporcionadas, fondos arquitectónicos muy aplanados y motivos islamizantes, como los arabescos sobre los fondos de oro. Su gama pictórica es muy variada, de colores muy aguados, con predomino de tonalidades pastel. Es responsable de la decoración de tres cuaterniones y dos terniones (fols. 157-186v, 196-200, 201v, 219-226v). Su estilo se ha querido relacionar siempre con la miniatura italo-meridional de la segunda mitad del siglo XII, bien el Exultet 3 de la catedral de Troia (Apulia) (1175), bien con las ilustraciones del *Liber ad honorem Augusti* de Petrus de Ebulo, realizadas en Palermo entre 1195 y 1197, con el objetivo de atribuir al *Skylitzes Matritensis* una datación tardía. No obstante, todo apunta a que los ilustradores del códice de Petrus de Ebulo manejaron y se inspiraron en las

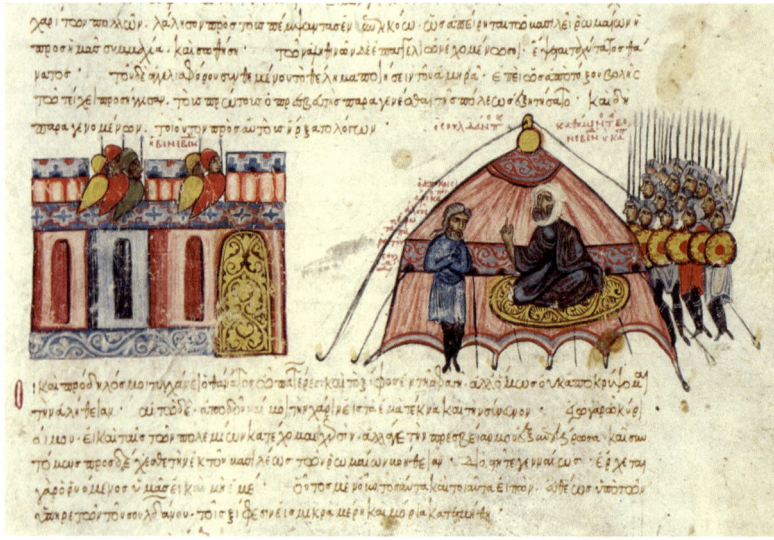

El árabe Soldán, que sitiaba las ciudades de Benevento (etiquetada a la izquierda) y Capua, habla con un enviado en su tienda. Miniaturista siciliano (B1) (fol. 97r).

Según la crónica, un heraldo que había viajado a la corte de Basilio I para pedir ayuda fue capturado a su regreso por Soldán, que lo amenaza de muerte si no dice a sus conciudadanos que el emperador bizantino no los asistirá. El ambiente de la escena mezcla elementos occidentales, la arquitectura, con motivos muy orientales, como la postura sedente del gobernante árabe en la tienda de color rosa o los motivos de arabesco que decoran la puerta dorada del edificio y el disco sobre el que se instala Soldán. El pintor no respeta el espacio en blanco dejado para la iluminación, de manera que la miniatura se expande hacia el texto y hacia el margen derecho del folio, donde se coloca el ejército árabe.

Conquista de Adrianópolis por los búlgaros. Miniaturista siciliano (B2) (fol. 121r).

Aunque el miniaturista sigue un modelo bizantino de asedio a ciudad, este se reduce y simplifica en sus elementos en función de las limitaciones del pintor: la multitud del ejército se convierte, así, en una masa aplanada, y la perspectiva a vista de pájaro de las representaciones de las ciudades de los tratados de poliorcética se presenta como una fachada frontal.

Folio con narración de los hechos que antecedieron a la proclamación de Nicéforo Focas (963-969) como emperador. Miniaturista siciliano (B4) (fol. 144r).

Especial interés posee la escena inferior, en la que Bardas Focas busca asilo en la iglesia de Santa Sofía de Constantinopla, ante la inminente proclamación de su hijo. El pintor responsable de esta imagen es el que presenta los caracteres más «románicos» del grupo de ilustradores sicilianos, pues su estilo no es muy lejano del que se aprecia en el claustro de Monreale o en la denominada pila de agua bendita de Lentini. Santa Sofía de Constantinopla se figura, de hecho, como una iglesia románica, con campanario y naves con techos a dos aguas. El único recuerdo de Bizancio son las decoraciones incrustadas de las paredes, posiblemente un intento del iluminador de «orientalizar» la imagen para hacerla creíble a su comitente.

79

imágenes del *Skylitzes*, como se aprecia en la escena de asedio de la ciudad de Nápoles con catapultas (fol. 109r), que reproduce el esquema del asedio de Mopsuestia.

ESCRIBAS QUE EJEMPLIFICAN LA ESCRITURA LLAMADA «TIPO ESCILITZES»
 C1: fols. 9r-87v, 96r-186v, 195r-234v)
 C2: fols. 88-95v (cuad. ιαʹ, 11), 187-194v (cuad. κεʹ, 25)

MINIATURISTAS, SEGÚN LA ATRIBUCIÓN PROPUESTA POR VASILIKI TSAMAKDA (2002):
 Bizantinos
  A1: fols. 9-16v, 25-56v, 72-87v (excepto escena 8or superior, que es de B1), 227-234v
  A2: fols. 17-24v, 57-71v
 Sicilianos, con elementos latinos y musulmanes
  B1: fols. 96-118v, 127-142v, 203-218v
  B2: fols. 195r-v, 200v, 201, 202r-v
  B3: fols. 143r-v, 145v-150v, 151-156v
  B4: fols. 144-145
  B5: fols. 157-186v, 196-200, 201v, 219-226v

Cuadro con la distribución de escribas y miniaturistas

A simple vista, frente al carácter mayoritariamente unitario del trabajo de los escribas, la labor de los iluminadores es claramente desigual. Es habitual que para la decoración de un manuscrito de estas dimensiones se recurra al concurso de varios miniaturistas, que, a pesar de sus diferencias, suelen presentar una cierta unidad de estilo. Tal es el caso, por ejemplo, del célebre *Menologio de Basilio II* (BAV, Vat. gr. 1613) (inicios del siglo XI), en el que, para ilustrar sus cuatrocientas treinta miniaturas, participaron ocho artistas diferentes que firman su obra. El hecho de que el *Skylitzes Matritensis* carezca de esta unidad o la falta de coherencia en su iluminación es un indicio de que la magnitud de la empresa y las expectativas del encargo del comitente se vieron condicionadas por ciertas limitaciones que acabaron provocando desajustes y pérdidas.

Si, como hemos expuesto anteriormente, el códice se realizó a partir de un manuscrito iluminado procedente de Constantinopla, es posible que este tuviese que devolverse, por lo que la copia e iluminación del texto hubo de llevarse a cabo con cierta premura. Cuando el copista acabó su trabajo, los cuaterniones se repartieron por grupos de miniaturistas para su iluminación, y, una vez que esta estuvo realizada, el copista la completaría con la escritura de las leyendas, mayoritariamente adaptadas al espacio dejado por las miniaturas. Mientras que los miniaturistas bizantinos, probablemente procedentes de Constantinopla a tenor de la destreza de su arte, trabajaron con pulcritud y agilidad y se adaptaron a los espacios *ad hoc*, los sicilianos, asentados en la tradición local, tienden a sobredimensionar las escenas, que a veces se extienden a los márgenes y el texto del manuscrito y, a menudo, interpretan el modelo de forma muy libre.

Además, es muy probable que la iluminación nunca se hubiese completado e incluso que el manuscrito quedase sin encuadernar por una finalización abrupta del proyecto. Existe una serie de indicios que permiten plantearse esta posibilidad. En primer lugar, el hecho de que los dos cuaterniones —n.° 11 y 25— del segundo escriba tengan vacíos los espacios para las miniaturas indica que en algún momento inmediato hubo que sustituir cuadernos perdidos, y que cuando se hizo el códice estaba todavía sin encuadernar y los miniaturistas ya no estaban disponibles. En segundo lugar, la ausencia de los dos cuaterniones finales de la crónica —los correspondientes a Teodora y Miguel VI— abunda en la idea de un manuscrito incompleto o posiblemente desencuadernado durante cierto tiempo. De hecho, cuando Constantino Láscaris lo vio en el monasterio de San Salvador *in Lingua Phari* de Mesina a finales del siglo XV e hizo una serie de anotaciones en los márgenes de sus folios, le faltaban ya esos cuadernos, como se deduce del resumen que este hace del contenido del códice en los fols. 177-186 del manuscrito MSS/4621 de la Biblioteca Nacional de España.

Por último, en tercer lugar, el desgaste evidente de los folios de inicio (fol. 9r) y final (fol. 234v) de la crónica son indicativos de que por mucho tiempo el códice estuvo sin encuadernar. De hecho, resulta imposible averiguar qué se representaba en la miniatura situada debajo del título de la obra enmarcado por una *pyle* con roleos vegetales, justo al comienzo del proemio de la crónica, puesto que los colores han desaparecido. Se distingue tan solo la estructura de ciborio, de techo cónico y coronado con una cruz sobre dos elementos ornamentales, que posiblemente formaba parte de la escena de presentación de la obra, como es habitual en otros manuscritos, o simplemente albergaba el retrato del autor, Juan Escilitzes, en el acto de escribir o de donar un ejemplar de su obra.

Tal y como señaló Nigel G. Wilson, la diplomacia pudo haber desempeñado un importante papel en la génesis del manuscrito. Cabe recordar que en este período las relaciones del Reino normando respecto al Imperio bizantino iban de la admiración a la rivalidad. Por una parte, los normandos copian el ritual de corte bizantino y la idea de la sacralidad de monarca, y promueven un arte híbrido en el que participan, como en el *Skylitzes Matritensis*, artistas latinos, musulmanes y bizantinos, siendo estos últimos los responsables de los magníficos mosaicos parietales que decoran la catedral de Cefalú (1135-1145), así como la Capilla Palatina, la Martorana, el Palacio Normando (*ca.* 1170) y la Zisa (1165-1180), en Palermo. Por otra parte, Roger II realiza expediciones contra el Imperio bizantino en la ciudad de Tebas y la isla de Corfú (1147), mientras que el emperador Manuel I Comneno trata de recuperar los dominios bizantinos en Italia apoyando la sublevación de los barones de Apulia contra el poder normando (1155-1156).

Es muy posible que, en el contexto de las embajadas y relaciones diplomáticas entre Palermo y la corte imperial, los sicilianos hubiesen tenido acceso en Constantinopla a un ejemplar bizantino iluminado de la crónica que habría servido de modelo para la

Fronstispicio de la obra, con *pyle*, título del libro y miniatura perdida. En el margen superior del folio se lee la nota del siglo xv, de Cosmas Trapezountios: αὔτη ἡ βίβλος πέλει τῆς τοῦ σωτῆρος μονῆς τῆς διακειμένης ἐν τῷ ἀκροτηρίῳ τοῦ λιμένος Μεσσήνης («este libro pertenece al Salvador situado en la lengua de tierra del puerto de Mesina»). Miniaturista bizantino (A1) (fol. 9r).

elaboración del *Skylitzes Matritensis*. Existen, de hecho, noticias de la llegada a Palermo de libros procedentes de la biblioteca de Manuel I Comneno, como homenaje del emperador bizantino a Guillermo I. Se trata del *Almagesto* de Tolomeo y del libro de la profecía de la sibila Eritrea que el traductor griego e intelectual calabrés Henricus Aristippus —entonces archidiácono de Catania y, posteriormente, almirante del reino entre 1161-1162— trajo para el monarca siciliano con motivo de las negociaciones de paz de 1157.

Esta visita privilegiada a Constantinopla pudo haber sido también una óptima ocasión para obtener un ejemplar ilustrado de la crónica de Juan Escilitzes que pudiese servir de modelo para la elaboración del *Skylitzes Matritensis* en Sicilia, así como para contratar a dos miniaturistas bizantinos que conocían bien el arte comneno de la capital. Una vez en Palermo, la magnitud y dificultad de la empresa requirió que en su elaboración participase un equipo muy variado y multicultural de escribas y miniaturistas, difícil de imaginar dentro de un *scriptorium* monástico al uso: dos escribas activos en San Salvador *in Lingua Phari*, dos miniaturistas venidos de Constantinopla, que encontrarían en Palermo a los cautivos artesanos griegos de Tebas y Corinto, así como cinco pintores locales, algunos de ellos posiblemente ligados a la población musulmana palermitana y al ambiente de la corte.

Ese ambiente multiétnico y multicultural justificaría por sí solo una realización de la copia en Palermo, pues la crónica ilustrada mostraba un Bizancio mediterráneo, un Bizancio híbrido y profano, que enlazaba muy bien con los escenarios de Palermo entre 1157 y 1162, y cuyo contenido permitía recuperar, tal y como hemos señalado, parte de la memoria de la isla. La sofisticación de la iluminación del códice, rico en oro y lapislázuli, tiene poco que ver con los manuscritos miniados que nos han llegado del monasterio basiliano de Mesina, lo que induce a pensar que este se realizó bajo el patrocinio del monarca o de su ministro, el almirante Henricus Aristippus, admirador y conocedor de la literatura griega, cuya pronta caída en desgracia pudo ser una de las causas del abandono del proyecto. Por último, el hecho de que algunas miniaturas del *Liber ad honorem Augusti* de Petrus de Ebulo, realizado a finales del siglo XII, se hagan eco de las ilustraciones del *Skylitzes* implicaría que este se encontraba todavía entonces en Palermo y que, por lo tanto, su llegada al monasterio de San Salvador sería posterior a esa fecha.

HABENT SUA FATA LIBELLI: DE SICILIA A ESPAÑA

El BNE, VITR/26/2 está documentado en la biblioteca del monasterio de San Salvador *in Lingua Phari* desde el siglo XV, como muestran las notas marginales realizadas en sus folios por Cosmas Trapezuntios (fol. 9r) y Constantino Láscaris, así como la firma del notario Antonio Carissimo (fol. 9r). En esa época la copia de la crónica de Juan Escilitzes se conservaba ya incompleta, pues cuando Constantino Láscaris lo consultó escribió un epítome con la descripción de su contenido (BNE, MSS/4621, fols. 177-186), que comienza, como en la actualidad, con el reinado de Miguel I (811-813) y acaba con el de Constantino I Monómaco (1042-1054).

El monasterio, situado al final de un espolón que protegía el puerto de la ciudad de Mesina, había sido fundado en 1131 por el rey normando Roger II. En 1134, su abad fue elevado a la categoría de arquimandrita de una comunidad formada por unos cuarenta monasterios italo-griegos de Sicilia y Calabria, entre los cuales cabe destacar en la isla: San Filippo de Fragalà, Santa Maria de Mili, San Pietro di Itala y San Pietro e Paolo d'Agrò. El códice está registrado en el inventario griego de la biblioteca de San Salvador en 1563 por Francesco Antonio Napoli, así como en inventario latino de 1580 como «códice ilustrado de Skyllitzes».

Posteriormente, el manuscrito fue incautado por el virrey de Sicilia, don Francisco de Benavides, en el año 1679, como consecuencia de las revueltas que habían sucedido en Mesina. Se ordenó entonces trasladar a Palermo el archivo de la ciudad y la colección de códices griegos que se custodiaba en la catedral. El siguiente virrey (1687-1696), don Juan Francisco Pacheco, IV duque de Uceda, incorporó los manuscritos a su biblioteca privada. A él se debe la encuadernación actual, de piel verde sobre cartón y adornos dorados, probablemente realizada en Sicilia. En 1696, el libro llegó a Madrid con el resto de los libros del IV duque de Uceda. Posteriormente, la biblioteca fue incautada por Felipe V e ingresó en la Biblioteca Real, luego Nacional, en 1712. En ella, Juan de Iriarte (1702-1771) lo catalogó en 1769.

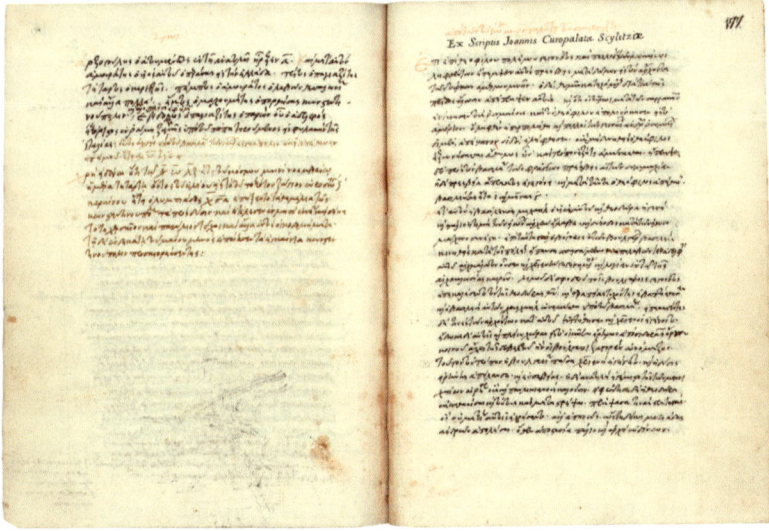

Constatino Láscaris, Opera varia: *Compendium historiarum Iohannis Scylitzae*, *ca.* 1490. BNE, MSS/4621 (fol. 177r).

Georgius Braun y Franciscus Hogenbergius, Mesina (Sicilia), *Civitates Orbis Terrarum*, *Liber primus*, Colonia, 1582, pl. 52. BNE, GMG/433 (pl. 50).

En la década de 1540, durante el gobierno de Carlos V, la fortaleza en la que se situaba el monasterio en el espolón fue reestructurada por el arquitecto militar Ferramolino para reforzar la defensa de Mesina. El monasterio se trasladó entonces al centro de la ciudad y el edificio religioso se incorporó a la fortaleza, pero una explosión de pólvora en 1549 destruyó la iglesia del cenobio.

Encuadernación de don Juan Francisco Pacheco, IV duque de Uceda (1649-1718).
Skylitzes Matritensis. BNE, VITR/26/2.

Desde los primeros estudios de N. Kondakov, C. de Boor y
G. Millet, el manuscrito ha despertado el interés de numerosos
investigadores. Entre ellos los más prestigiosos bizantinistas espa-
ñoles como Sebastián Cirac Estopañán o norteamericanos como

Ihor Ševčenko, estudiosos de los códices griegos como José María Fernández-Pomar, Nigel Wilson, Boris L. Fonkic, Santo Lucà y Maria Bianca Foti, o historiadores del arte de distintas nacionalidades como André Grabar, Christopher Walker, Vasiliki Tsamakda y Elena N. Boeck.

Con motivo del proyecto de investigación interdisciplinar, *Manuscritos bizantinos iluminados en España: obra, contexto y materialidad*-MABILUS (MICIN-PID2020-120067GB-100), llevado a cabo por la Universitat Autònoma de Barcelona para el período 2021-2025, se han realizado una serie de nuevos estudios sobre el manuscrito, en colaboración con la BNE y el Instituto del Patrimonio Cultural de España (IPCE), cuyos resultados están contribuyendo a tener a una mejor comprensión del proceso de realización del códice y su contexto histórico-artístico.

BIBLIOGRAFÍA

ABENZA SORIA, VERÓNICA CARLA. «Cultural Constructs of the Female Royal and Imperial Ideal in the Kingdom of Sicily», *Arte Medievale*, IV serie, 13 (2023), pp. 55-74.

BOECK, ELENA. *Imagining the Byzantine Past. The Perception of History in the Illustrated Manuscripts of Skylitzes and Manasses*. Cambridge, Cambridge University Press, 2015.

BURKE, JOHN. «The Madrid Skylitzes as an Audio-Visual Experiment», en Burke, John *et al.*, *Byzantine Narrative. Papers in Honour of Roger Scott*. Melbourne, Australian Association for Byzantine Studies, 2006, pp. 137-148.

CALAHORRA, BARTOLOMÉ. *Keleusate. Arquitectura, arte y ceremonia en el Gran Palacio de Constantinopla*. Madrid, Universidad Complutense de Madrid, Facultad de Geografía e Historia, 2023 (tesis doctoral inédita).

CHEYNET, JEAN-CLAUDE, Y FLUSIN, BERNARD. *Jean Skylitzès : Empereurs de Constantinople*, París, P. Lethielleux, 2003.

CIRAC ESTOPAÑÁN, SEBASTIÁN. *Skyllitzes Matritensis. I. Reproducciones y miniaturas*, Barcelona-Madrid, Librería Herder, 1965.

CORTÉS ARRESE, MIGUEL, Y PÉREZ MARTÍN, INMACULADA. *Lecturas de Bizancio. El legado escrito de Grecia en España*. Madrid, Biblioteca Nacional de España, 2008.

FERNÁNDEZ POMAR, JOSÉ MARÍA. «El Scylitzes de la Biblioteca Nacional de Madrid», *Gladius*, III (1964) pp. 15-45.

FOTI, MARIA BIANCA. *Il monastero del S.mo Salvatore in Lingua Phari, proposte scrittorie e coscienza culturale.* Mesina, 1989.

GRABAR, ANDRÉ, Y MANOUSSACAS, Manousos. *L'Illustration du manuscrit de Skylitzès de la Bibliothèque Nationale de Madrid.* Venecia, Institut Hellénique d'Études Byzantines et Post-Byzantines de Venise, 1979.

RE, MARIO. «A proposito dello Skylitzes di Madrid», *La Memoria*, 3 (1984), pp. 329-341.

ŠEVČENKO, IHOR. «Poems on the Deaths of Leo VI and Constantine VII in the Madrid Manuscript of Scylitzes», *Dumbarton Oaks Papers*, 23/24 (1969/1970), pp. 185-228.

ŠEVČENKO, IHOR. «The Madrid manuscript of the Chronicle of Skylitzes in the light of its new dating», en Hutter, Irmgard (ed.). *Byzanz und der Westen: Studien zur Kunst der europäischen Mittelalters.* Viena, Österreichischen Akademie der Wissenschaften, 1984, pp. 117-130.

THURN, IOANNES (ed.). *Ioannnis Scylitzae Synopsis Historiarum.* Berlín, De Gruyter, 1973.

TSAMAKDA, VASILIKI. *The Illustrated Chronichle of Ioannis Skylitzes in Madrid.* Leiden, Alessandros Press, 2022.

WEITZMANN, KURT. *El rollo y el códice. Un estudio del origen y el método de la iluminación de textos.* Madrid, Nerea, 1990.

WILSON, NIGEL. «The Madrid Scylitzes», *Scrittura e Civiltà*, 2 (1978), pp. 209-219.

Catalogación en publicación de la Biblioteca Nacional de España

---

Castiñeiras González, Manuel Antonio

Un universo de imágenes: el Skylitzes Matritensis / texto, Manuel Antonio Castiñeiras González.
– [Madrid] : Biblioteca Nacional de España, [2024]

    92 páginas : ilustraciones (color) ; 17 cm.
    (Tesoros de la Biblioteca Nacional de España, 10)
    Publicado con ocasión de la exposición homónima que se celebra en la Biblioteca
    Nacional de España los días 6 de junio al 26 de octubre de 2024
    Bibliografía: páginas 91-92

    NIPO: 191-24-011-8. – ISBN: 978-84-92462-95-7

    1. Skylitzes, Juan|dca. 1040-ca. 1100. Synopsis historiarum. 2. Skylitzes Matritensis.
    3. Ilustración de manuscritos bizantina. I. Biblioteca Nacional de España, entidad responsable

    091 Skylitzes, Juan
    091 Skylitzes Matritensis
    75.057
    75.033.2